Samenkorn

Gerhard Fast

Im Schatten des Todes

Protokoll einer Flucht

Mit freundlicher Genehmigung
von Gerhard Fast, St. Catharines, Canada,
des Sohnes von Gerhard Fast

1. Auflage 2011

Samenkorn e.V.
Christlicher Schriften- und Liederverlag
Liebigstr. 8, 33803 Steinhagen, Germany

Umschlag Gestaltung: Luise Fast

Satz: Samenkorn e.V.

Druck und Bindung: CPI books, Germany

ISBN: 978-3-86203-032-3

Inhalt

Im Schmelztiegel. 6
Nikolai II. ist entflohen. 7
Die Not beginnt 11
Vor Moskau. 27
Meine Verhaftung 30
Mein Verhör 42
In Butyrki 49
Die Verbannung 66
Im Konzentrationslager. 79
Die Flucht 96
Auf dem Schiff 101
In England 113
Nach Deutschland. 119
Durch Nacht zum Licht 123
Unser Wiedersehen. 134

Im Schmelztiegel

Noch einmal hinein in die feurige Glut!
O Vater, mir graut vor der brennenden Flut!
O Meister, Erbarmer, o halte ein,
nicht länger ertrag ich die schmerzliche Pein!

Der göttliche Schmelzer in heiliger Ruh
sieht prüfend dem Feuer, dem schmelzenden zu.
Ihm zuckt nicht die Wimper, erlahmt nicht die Hand,
den Blick hält Er fest auf den Tiegel gewandt.

Er prüfet das Silber, Er hält es ans Licht,
fast scheint es geklärt, dass nichts ihm gebricht.
Doch Schlacken sieht Er, verborgen und klein,
die trüben den Spiegel, verdunkeln den Schein.

Und wieder und wieder hinein in die Glut,
es brodelt und wallet, nichts stört Ihm den Mut,
bis endlich im Silber, im strahlenden Schein
Sein Antlitz sich spiegelt ganz hell und ganz rein.

Dann nimmt aus dem Tiegel das Silber Er bald
und formt es und presst es und gibt ihm Gestalt.
Ein köstlich Gefäß zum Dienste geschickt,
so bringt Er's dem himmlischen Vater beglückt,

O Heiland, ist's also, dann schone mich nicht,
ob manchmal im Leiden an Mut mir's gebricht.
O göttlicher Schmelzer, dann läut're mich aus
und bring mich vollkommen dem Vater nach Haus'!

Das vorstehende Gedicht ist das Glaubenszeugnis des verbannten Predigers J. Töws. Er schickte es als Gruß und Bekenntnis aus den Urwäldern Nordrusslands, wo er auch sein Grab gefunden hat.

Nikolai II. ist entflohen

Ich sitze mit meiner Frau im Zug in der großen sibirischen Eisenbahn. Unser Zug rollt in Richtung Novosibirsk, damals Novo-Nikolaewsk. Wir fahren von Omsk nach Slawgorod und sind ein paar Stationen hinter Omsk. Von Tatarskaja geht jetzt eine Bahn, die vor zwei Jahren gebaut ist, um unsere Siedlung mit der großen sibirischen Eisenbahn zu verbinden. Wir sind dadurch jetzt nicht mehr 300 km von der Bahn entfernt, sondern nur noch 65 km. Das ist eine sehr große Erleichterung für unsere Siedlung.

Der Zug ist überfüllt. Es sind meistens Soldaten, die von der Front heimkommen. Der große Krieg mit Deutschland ist vorbei, aber nicht die schrecklichen Folgen desselben. Es ist Mitte April 1918. Deutschland ist noch immer im schrecklichen Ringen gegen die halbe Welt.

* * *

Der Krieg zwischen Deutschland und Russland war der größte Fehler dieser beiden Regierungen. Dieser Krieg fegte die Zarenfamilie Romanow von ihrem 300-jährigen Thron.

Als nach dem Zarensturz die zeitweilige Regierung mit Kerenskij ans Ruder kam, machte diese gleich einen Fehler, der für ganz Russland katastrophal werden sollte. Das Volk war müde vom Krieg und wollte nichts mehr als Frieden. Kerenskij aber, mit dem Deutschenfresser Miljukow, warf die Losung auf: „Krieg zusammen mit der Entente gegen Deutschland bis zum siegreichen Ende!" Miljukow äußerte in einer großen Rede in Petersburg: „Jetzt gilt es zu besiegen den Deutschen außer den Grenzen und den Deutschen in den Grenzen!" Wir Deutschen im Osten, hatten bis dahin noch wenig durch den Krieg gelitten. Wer aber kennt nicht die furchtbaren Leiden der deutschen Kolonisten im westlichen Russland? Die Drohung Miljukows zeigte, dass der Gedanke des Panslavismus, der in den Deutschen den größten Feind der Slawen sah, noch immer in einigen Köpfen spukte. Dann kam die Aufrollung der Westfront.

Nun traten Lenin und Trotzkij auf den Plan mit der Parole: „Frieden um alles in der Welt!" Matrosen und Soldaten jubelten ihnen zu, denn sie waren müde vom Krieg. So kam der Oktobersturz im Jahr 1917, der die kommunistische Partei in Russland zur Macht brachte. Zum Schein beriefen die Bolschewiken im Winter 1918 noch eine Verfassungsversammlung. Als diese zusammenkam, legte Lenin ihr die Frage vor, ob sie die Diktatur und das Programm der kommunistischen Partei anerkennen wolle. Als sie das entschieden ablehnte, musste die Ablehnende ihr Ränzel schnüren und eiligst Petersburg verlassen. Lenin und Trotzkij waren die Herrscher in dem Riesenreich, welches den sechsten Teil der Erde einnimmt.

Hätten Kerenskij und Miljukow damals gleich mit Deutschland Frieden geschlossen, wären die Bolschewiken nie ans Ruder gekommen, denn die Massen wussten nichts von Lenin und Trotzkij. Wie wenig ihre Namen damals bekannt waren, zeigt die folgende kurze Geschichte:

In den ersten Tagen nach dem Oktoberumsturz wollte Trotzkij um Mitternacht das Regierungsgebäude verlassen.

„Bitte den Ausweis!", sagte der wachhabende Soldat.

„Ich habe keinen."

„Dann lasse ich Sie nicht durch."

„Was, Sie wollen mich nicht durchlassen? Ich bin Trotzkij!"

„Es tut mir leid, Genosse, ich habe den Namen noch nie gehört", antwortete der Soldat seelenruhig und Trotzkij musste zurück, um seinen Ausweis zu holen. Bald aber musste das russische Volk die Namen Lenin und Trotzkij nur zu gut kennen lernen, denn sie wurden ihm mit blutigen, eisernen Griffeln ins Fleisch geschrieben.

* * *

Es ist Mitternacht. Plötzlich ein schriller Ton der Lokomotive und unser Zug hält. Aus allen Fenstern stecken Köpfe hinaus und spähen erschrocken in die dunkle Nacht. Keine Station ist zu sehen und wir stehen auf freiem Feld. Niemand weiß, was dieser unerwartete Aufenthalt bedeutet. Bald aber klärt sich das Rätsel. Die Rotarmisten treten ein und kontrollieren die Pässe.

„Was bedeutet diese Passrevision auf freiem Feld?", fragen die Frontsoldaten. Man gibt ihnen darauf keine Antwort. Die Soldaten werden immer aufgeregter und herausfordernder. Sie wollen die Ursache dieser ungewohnten, nächtlichen Passkontrolle erfahren.

Mit den demobilisierten Soldaten war damals nicht zu spaßen. Sie waren auf der Eisenbahn die Herren der Lage und manch einer, der sich ihnen widersetzte, wurde unbarmherzig niedergeschlagen.

Als das Unheil der verheißender Fragen und des grimmigen Murmelns immer drohender wird, gibt der Passkontrolleur schließlich nach und platzt heraus: „Warum wir die Pässe kontrollieren? Ich werde es euch sagen: Nikolai II. ist entflohen."

Die Soldaten lachen. „Den werden Sie auch nach dem Pass finden! Der findet sicher 100 Pässe für einen", sagen sie und niemand glaubt den Worten des Kontrolleurs.

Nach mehreren Jahren las ich ein von den Bolschewiken herausgegebenes Buch „Das Ende der Zarenfamilie". Dort war auch diese Flucht des Zaren beschrieben. Ein Kommissar, der die Zarenfamilie von Tobolsk nach Moskau bringen sollte, fasste den geheimen Vorsatz sie zu retten. Anstatt nach Ekaterinburg schlug er die Richtung nach Omsk mit ihr ein, wollte dann auf der alten Linie von Omsk nach Tscheljabinsk fahren. Der Weg führte im Uralgebirge an seiner Heimat vorbei. Diesen geheimen Plan teilte er niemand mit, auch dem Zaren selbst nicht.

Moskau aber ließ die Zarenfamilie nicht aus den Augen. Bald wurde die falsche Richtung entdeckt, die der Kommissar Jakowlew mit ihr eingeschlagen hatte. Moskau wurde nervös. Der Funkspruch arbeitet fieberhaft. Eine Station vor Omsk hält man den Zug Jakowlews an. Dieser fährt nach Omsk, setzt sich mit Moskau in telefonische Verbindung und erklärt, der Weg über Ekaterinburg scheine ihm zu gefährlich, darum habe er diesen Umweg gewählt. Moskau aber gibt ihm den strengen Befehl, die Zarenfamilie unverzüglich auf der Bahnlinie Omsk-Tjumen zurück nach Ekaterinburg zu bringen. Der Plan Jakowlews ist misslungen. In dem Buch war das Datum angegeben, an dem der Zug mit der Zarenfamilie vor Omsk angehalten worden war. Schnell schlage ich mein Tagebuch auf und suche, wann es gewesen ist, als man unseren Zug auf freiem Felde hinter Omsk anhielt. Es ist derselbe Tag. Und der Kontrolleur hatte damals nicht gelogen, als er sagte: „Nikolai II. ist entflohen." Im Sommer desselben Jahres erschoss man die ganze Zarenfamilie in Ekaterinburg in einem Kellergewölbe. Kurz darauf wurde die Stadt von den Weißen eingenommen und die Hilfe kam ein paar Tage zu spät.

Die Not beginnt

Es ist Herbst 1919. Ich bin in meiner Klasse beim Unterricht. „Herr Lehrer, die ganze Straße ist voll Soldaten!", schreit plötzlich einer der Schüler.

Schnell werfe ich einen Blick hinaus und finde, was der Junge gesagt hat. Ein paar Soldaten mit Flinten auf dem Rücken kommen schon auf den Hof geritten. Es sind die Bolschewiken. Koltschak mit seiner Armee zieht sich immer weiter und weiter nach Osten zurück und jetzt haben die Rotarmisten auch unser Dorf eingenommen. Einer nach dem anderen kommt herein mit dem barschen Befehl: „Lehrer, gib uns Hafer und Heu für unsere Pferde! Lehrer, gib uns Mittag!"

Einem Dutzend dieser Kerle geben wir Mittag, dann ziehen sie in das Nachbardorf ab. Wir sind nun unter der Herrschaft der Bolschewiken. Bald sollen die Bauern das Joch der kommunistischen Blutherrschaft zu schmecken bekommen. Aus jedem Dorf werden ein paar Männer zur Bezirksversammlung einberufen. Genosse Schatochin hat die Versammlung aufgerufen. Er ist der Bevollmächtigte der Regierung für die Getreide- und Fleischablieferung und will darüber sprechen. Die Versammlung wird von dem Vorsitzenden eröffnet, Genosse Schatochin kommt zu Wort:

„Genossen, Sie wissen, dass die Arbeiter- und Bauernregierung Ihr Bestes will. Sie werden jetzt bald nicht mehr mit

Pferden, sondern mit Traktoren arbeiten. Dann brauchen wir die Pferde nicht mehr zu füttern. Den ganzen langen Winter steht der Traktor in der Scheune und frisst kein Heu und keinen Hafer. Auch werden wir in ganz Russland ein Stromnetz aufbauen. In jedem Dorf wird ein Kino sein. Sie brauchen dann auch nicht mehr von früh bis spät zu arbeiten. Jeder Bauer arbeitet dann nur acht Stunden, zieht sich seinen Festanzug an und geht spazieren.

Ihre Regierung sorgt für Sie wie ein Vater für seine Kinder. Die Knechtschaft hat nun ein Ende. Lange genug sind Sie geknechtet worden. Jetzt sind Sie freie Bürger des einzigen freien Arbeiter- und Bauernstaates der Welt. In der ganzen Welt werden die Arbeiter und Bauern von den Kapitalisten bis aufs Blut ausgebeutet, aber Sie sind jetzt selbst die Regierung, denn wir haben ja eine Arbeiter- und Bauernregierung.

Heute braucht diese Regierung von Ihnen eine kleine Hilfe, eine kleine Anleihe. Sie müssen dem Staat freiwillig all Ihr Getreide und Schlachtvieh abliefern, welches Sie nicht brauchen. Wir haben ausgerechnet, wie viel Weizen, Hafer, Gerste und Schlachtvieh jedes Dorf geben kann. Sie sollen dem Staat alles nur leihweise geben. Später bekommen Sie von ihm Traktoren und andere landwirtschaftliche Maschinen."

In diesem Sinne fährt Genosse Schatochin mit seiner langen, eineinhalbstündigen Rede fort. Die Bauern rücken auf ihren Plätzen unruhig hin und her. Es hilft ihnen nichts, sie müssen ruhig warten, bis Genosse Schatochin mit seiner Litanei zu Ende ist. Endlich macht er Schluss.

„Wer will sich aussprechen?"

„Sagen Sie doch bitte einmal, Genosse Schatochin, wie viel Getreide und Schlachtvieh soll jedes Dorf liefern?"

Schatochin liest vor: „Blumenort 6.000 Zentner, Gnadenheim 8.000, Kleefeld 9000 ..."

„Hören Sie auf, hören Sie auf, das werden wir nie und nimmer geben!", schreien die Bauern durcheinander.

Schatochin wird blass, bleibt aber ruhig. Und als die Bauern still sind, liest er weiter: „Reinfeld 6.000, Rosenwald 7.000, Schöntal 9.000, Lichtfelde 10.000."

„Hören Sie auf! Wir sollen Ihnen alles geben, was wir haben. Was geben Sie uns aber dafür?

Geschäfte, in denen der Bauer seine Bedarfartikel kaufen kann, gibt es nicht mehr, denn Sie haben allen Privathandel aufgehoben. Dafür haben Sie die Versorgung mit Waren selbst übernommen. Wie machen Sie das? – Sie schicken auf ein ganzes Dorf ein paar Meter Kattun und ein paar Nägel. Da bekommt jeder Bauer einmal in zwei oder drei Monaten einen halben Meter Kattun und einen oder zwei Nägel. Das geben Sie uns! – Jedoch verzeihen Sie, Genosse Schatochin, ich beleidige Sie. Manchmal ist ja auch noch ein Säuglingslutscher dabei. Das hätte ich bald vergessen. Einen Säuglingslutscher geben Sie uns für all unseren Weizen und Schlachtvieh! Sagen Sie einmal selbst, was in aller Welt soll ein ganzes Dorf mit einem Säuglingslutscher anfangen? Sollen sie den an die Ecke des Dorfbrunnens nageln und abwechselnd daran lutschen?"

In diesem sarkastischen Ton fährt der Lehrer Bergen noch lange fort.

Genosse Schatochin lässt sich nicht beirren. Er bleibt ganz gelassen und ruhig, wird nur hin und wieder bei den krassesten Bemerkungen etwas blass und wiederholt langsam und nachdrücklich: „Und geben werden Sie das Verlangte doch!"

„Der ist ja verrückt, das bekommt er nie", ruft ein Bauer nach dem anderen.

Eine Woche später ist der ganze Weg zur Stadt voll von Getreidefuhren. Die Bauern geben nicht nur das Getreide, welches Schatochin damals verlangte, sondern noch viel mehr dazu, denn Schatochin wusste Mittel, sie zum Gehorsam zu zwingen.

* * *

Es war Herbst 1922. Die Naturaliensteuern wurden unter der Herrschaft der Bolschewiken von Jahr zu Jahr größer und schwerer. Vielen reichte die Ernte nicht aus. Wer nicht genug Getreide liefern konnte, musste geschlachtetes Rindvieh oder Schafe und Schweine liefern.

Wenn die Bauern das Getreide nach der 65 km entfernter Stadt gefahren hatten, mussten sie dort meistens lange, ja manchmal tagelang, anstehen, ehe sie das Getreide loswurden. Alle Speicher waren überfüllt. Und das Getreide wurde einfach draußen unter freiem Himmel ausgeschüttet. Als Außenwände dienten Mauern von vollen Getreidesäcken. Zum Schluss wurde so ein luftiger Speicher mit Planen zugedeckt. Tagelang regnete und schneite es in dieses Getreide hinein und Riesenmengen des schönsten Weizens verkamen und verfaulten.

Im Dezember kam dann die Fleischablieferung. In unserer Kolonie wurde die Hälfte aller Milchkühe geschlachtet, denn das andere Vieh reichte nicht aus. Wir, Deutsche, hatten fast alle sehr gute Milchkühe, die so genannten deutschen roten Kühe, die in ganz Russland als besonders ertragsreich geschätzt wurden. Hier ein kleines Beispiel, wie streng man mit uns damals verfuhr.

Alle Bauern hatten ihr Vieh geschlachtet und sollten es am nächsten Tage zur Stadt fahren. Am Abend vorher ist allgemeine Dorfversammlung. Der Vorsteher des Dorfes fragt jeden der Reihe nach, ob er sein Vieh geschlachtet und bereit habe, es morgen in die Stadt zu bringen. Einer nach dem anderen muss sich eintragen. Alle sind bereit.

„Bergen?“, fragt der Schulze.

„Nein!“, lautet langsam und schüchtern eine Antwort aus den hintersten Reihen.

„Warum nicht?“

„Ich habe nur die eine Kuh. Das ist alles, was ich habe. Ich habe auch kein Getreide mehr. Die Kuh ist für mich, meine Frau und unsere drei kleine Kinder die einzige Nahrungsquelle. Wenn ich die Kuh auch noch schlachte, haben wir nichts mehr und meine Kinder müssen verhungern.“

Totenstille. Niemand wagt ein Wort zu sagen. Alle wissen, Bergen hat die volle Wahrheit gesagt. Er ist der ärmste Bauer im Dorf, aber Unehrlichkeit kann ihm niemand vorwerfen. Auch der Schulze schweigt einen Moment, denn auch er kennt die tragische Lage Bergens. Nach langem Schweigen, während dessen man eine Fliege hätte hören können, richtet er sich wieder an Bergen:

„Bergen, kannst du deine Steuer durch Getreidelieferung aufbringen?"

„Nein, ich habe nichts mehr!"

Wieder langes Schweigen.

„Bergen, was denkst du denn, wie wirst du deine Steuern bezahlen?"

„Muss ich denn wirklich meine einzige Kuh, die einzige Nahrung meiner kleinen Kinder, hingeben?"

„Ja, Bergen, wenn du nichts anderes zum Bezahlen hast, musst du sie hingeben. Die Regierung ist unerbittlich und kennt kein Erbarmen."

„Gut, dann könnt ihr sie haben. Aber ich kann sie jetzt des Nachts nicht allein schlachten", antwortet Bergen mit leiser, aber entschlossener Stimme.

„Bürger, wer hilft ihm beim Schlachten?", fragt der Vorsteher.

Wieder langes Schweigen. Bergen helfen? Das möchten wohl viele. Aber ihm helfen, seine einzige Kuh zu schlachten? Ihm helfen, die Nahrungsquelle seiner Kinder zu vernichten? Dazu will sich niemand hergeben.

„Bürger, ich verstehe, warum ihr ihm nicht helfen wollt. Aber hergeben muss er die Kuh doch, so schwer es ihm auch fällt. Allein aber kann er die Kuh unmöglich heute Nacht schlachten. Und daher muss man ihm dabei helfen. Wer will es tun?"

Wieder lautlose Stille.

„Ich werde helfen!", meldet sich schließlich einer aus den Reihen. „Ich auch, ich auch", – ein Zweiter, Dritter und Vierter.

Man bewaffnet sich mit dem notwendigen Schlacht-Werkzeug und schreitet langsam dem Hof Bergens zu. Müde geht dieser voran. Zuhause öffnet er den kleinen Kuhstall.

„Muh!" schallt es ihm leise entgegen. Die Kuh kennt ihren Wirt und muht ihm zutraulich zu in der Meinung, er bringt ihr das gewöhnliche Abendbrot. Einen Augenblick steht Bergen unschlüssig da. Dann aber fährt er empor, presst seine leichenblassen Lippen fest zusammen, schreitet entschlossen in den Stall, löst den Strick der Kuh und führt sie auf den kalten, weißbeschneiten Hof.

„Muh! Muh!“, schreit die Kuh jetzt, so laut sie kann, denn ihr kommt das Geschehen jetzt doch nicht ganz geheuer vor. Sie ahnt nichts Gutes.

Mit bangen Fragen: „Was ist los? Was wollt ihr?“, – kommt die Frau Bergen herausgestürzt.

Als sie die Kuh sieht, schreit sie laut auf: „Doch nicht unsere Kuh, unsere einzige Nahrung?“

„Ja, Maria, es muss sein, es geht nicht anders.“

Sie sagt kein Wort mehr, dreht sich um und taumelt zurück in die Hütte.

„Muh!“, brüllt die Kuh noch einmal, verstummt aber mitten darin und verröchelt unter dem Messer der Männer.

Von drinnen hört man einen lauten Aufschrei, dem ein langes, herzzerreißendes Schluchzen folgt. Dann wird es still. Nach einer Stunde schreiten die Männer langsam vom Hof. Das Henkersamt ist vollbracht. Wer gibt den Kindern am nächsten Morgen die warme Milch, ihre einzige Nahrung?

Am anderen Tag frühmorgens, als es noch lange finster ist, regt sich alles im Dorf. Von jedem Hof fährt eine große Fuhre mit geschlachtetem Vieh. Es ist kalt und das Fleisch ist hart gefroren. Spät abends kommen sie in der Kreisstadt an. Unterwegs trifft man schon tausende Bauernfuhren mit steif gefrorenem Fleisch aus allen Dörfern des großen Kreises.

„Werden wir das Fleisch auch los werden?“, – fragten sich die Bauern am nächsten Morgen, als sie um fünf Uhr aufstehen, schnell ihre Pferde einspannten und den Fleischablieferungsplatz aufsuchen. Niemand weiß, wo er ist. Endlich erfährt man, dass er weit draußen vor der Stadt ist.

Wir fahren dorthin. Als wir ankommen, stehen schon Tausende und aber Tausende Fleischfuhren vor uns. Endlich um acht Uhr kommen die Beamten die Ware anzunehmen. Immer mehr und mehr kommen mit Fleisch, und die Zufuhr wächst zur Fleischlawine. Dieses wirft man, wenn es erst gewogen ist, einfach unter freiem Himmel auf den Schnee.

Abends haben viele ihr Fleisch noch nicht abgeliefert, denn sie kamen nicht an die Reihe. Einige stehen tagelang, und nur, wenn man dem Beamten eine Flasche Wodka (Branntwein) zuschiebt, wird man sein Fleisch schneller los.

Monatelang liegt das Fleisch da unter freiem Himmel, denn die Eisenbahn wird mit dem Abtransport nicht fertig. Scharen herrenloser Hunde treiben sich auf dem Fleischhof umher, schmausen, feiern und vermehren sich in den gefrorenen Rindkadavern. Hier liegt auch Bergens einzige Kuh!

Ein paar Kilometer davon verfaulen tausende Zentner Weizen unter freiem Himmel. Noch weiter ein ungeheuer großer Haufen Kartoffeln, die man den Bauern auch gewaltsam abgenommen hat.

Und Bergens Kinder schreien nach Brot und Milch. Im Wolgagebiet sterben in dieser Zeit Millionen vor Hunger.

* * *

Russland war durch die ersten Jahre des Kriegskommunismus so verwüstet und zerstört, dass Lenin sich gezwungen sah, der Privatwirtschaft wieder etwas mehr Freiheit einzuräumen. Der Privathandel wurde wieder erlaubt, die Bauern vergrößerten ihre Aussaatflächen. Für den Getreideüberfluss ersetzten sie ihre in den letzten zehn Jahren verbrauchten landwirtschaftlichen Maschinen. Die bis dahin toten Fabrikschlote begannen wieder zu rauchen, die Arbeiter hatten Arbeit und Brot, die Brotkarten verschwanden, es war von allem genug da. Ein neues Leben pulsierte durch den großen russischen Koloss. Und in ein paar Jahren konnte man das blühende Russland nicht wieder erkennen.

Auf den Rat der Regierung gründeten die deutschen Dörfer Samen- und Zuchtgenossenschaften. Durch sie wollte man in ganz Russland Reinsamen und Rassevieh verbreiten. Es kauften auch mehrere dieser Genossenschaften Traktore und große landwirtschaftliche Maschinen. So entstand schon eine gewisse gemeinschaftliche Bearbeitung des Bodens, aber doch bekam jeder Bauer den Ertrag seiner Felder in seine Hand und konnte darüber nach eigenem Ermessen verfügen. Für den Reinsamen, den die Genossenschaften dem Staat lieferten, erhielten sie laut

Vertrag einen um ein Viertel höheren Preis als für gewöhnliches Getreide.

Es wurde manch gute und lobenswerte Einrichtung in der Zeit der neuen ökonomischen Politik getroffen, man baute viele Schulen und Krankenhäuser und suchte den kulturellen Stand des russischen Volkes zu heben.

Leider hat auch diese Zeit viele Schatten aufzuweisen. Der Unterricht in den Schulen war kommunistisch und atheistisch, und mancher Lehrer musste Gewissens willen sein Amt niederlegen.

Auch ich selbst verließ den Schuldienst und wurde Bauer. Die Gottesdienste waren zwar erlaubt, aber nach dem Gesetz hatten wir in Sowjetrussland nur Duldung der Religion, nicht aber Religionsfreiheit. Auch war jeglicher Religionsunterricht für Kinder unter 18 Jahren verboten. Den religiösen Körperschaften waren ihre Rechte genommen. Alle Kirchen, Bethäuser und Kulturgegenstände wurden für Staatseigentum erklärt und die Gemeinden mussten sie vom Staat pachten. Viel Arbeit und Verdruss bereitete das Registrieren der Gemeindeglieder. Jede Gemeinde musste eine Liste ihrer Gemeindeglieder in mehreren Exemplaren aufstellen. Dazu waren oft Reisen von 700 km und mehr erforderlich. Kamen die Leiter der Gemeinden dann mit ihren Listen an, fand die Behörde noch sehr oft etwas auszusetzen. Dann musste die Reise wiederholt werden. Aber nach den ersten furchtbaren Jahren des Kriegskommunismus freuten wir uns trotz aller Schikanen auch über das Maß an Religionsfreiheit, das uns gewährt wurde.

* * *

Mit einem Federzug Stalins, des Nachfolgers Lenins, war alles Aufblühen in Russland wieder vorbei. Die Neue Ökonomische Politik war nur eine kleine Atempause gewesen. Der Fünfjahrplan sollte das sozialistische Paradies und Glück bringen, zerstörte aber Millionen glückliche Familien, die in den Sümpfen und Schneegefilden des hohen Nordens ein kühles Grab fanden, wo sie endlich von Stalins Tyrannenherrschaft ausruhen konnten.

Es ist im Jahr 1929. Ich bin auf dem Weg aus der Stadt nach Hause. Es ist ein grimmiger Wintertag nach dreitägigem furchtbarem Schneegestöber. Alles liegt unter tiefem Schnee. Auch heute hat der Sturm sich noch nicht ganz beruhigt und treibt den weißen Schneesand vor sich her. Wirklich ruhig ist die sibirische Schneewüste nur selten, wenn kein Hauch Wind weht. Sobald es aber etwas Wind gibt, sieht man unten auf dem Schnee ein leises, ständiges Schneesandtreiben, welches besonders stark nach einem großen Schneegestöber ist. Es ist das stille Nachspiel desselben. Auch der hoch aufgefahrene Weg, auf dem wir fahren, ist mit frischem Schnee bedeckt. Die Pferdespuren und die Geleise der Schlitten werden von dem treibenden Schnee gleich wieder verweht und nur die Wegweiser zeigen dem Reisenden den Weg an.

Die Fahrt geht nur mühsam vorwärts und mein Fuhrmann und ich schreiten hinter dem Schlitten her, um die steif gefrorenen Glieder etwas zu erwärmen. Plötzlich erschallt hinter uns eine Glocke. Ein Postschlitten nähert sich. Vorne sitzt der Kutscher mit seiner langen Peitsche. Nur von Zeit zu Zeit knallt er damit, um die Pferde aufzumuntern. Hinten im Schlitten sitzen drei Männer. Die Pferde sind über und über mit Schweiß bedeckt und wollen trotz aller Aufmunterung des Kutschers nicht mehr galoppieren. Immer langsamer laufen sie. Als sie uns einholen, stürmen sie nicht an uns vorüber, wie die Postschlitten das gewöhnlich machen, sondern fahren auch im Schritt hinter uns her. Der Kutscher springt vom Schlitten und läuft neben ihm her. Auch die drei Männer hinten steigen aus und folgen zu Fuß. Sie sind alle drei in schöne, große, schwarze Schafpelze gekleidet, an den Füßen tragen sie lange Filzstiefel, an den Händen warme Handschuhe und auf dem Kopf teure Karrhakuhlmützen. Im eifrigen Gespräch schreiten sie langsam hinter dem Schlitten her. Die Schafpelze sind weit offen, denn darunter tragen sie noch einen eng anschließenden kurzwolligen Pelz.

Es ist der Fünfjahrplan, der da in Gestalt dieser Männer langsam hinter dem Schlitten hinter mir her schreiten. Die drei

Männer in den großen Schafpelzen sind Kommunisten. Sie werden aus der Stadt in die Dörfer geschickt, um die Durchführung des Fünfjahrplanes zu beginnen.

Jetzt löst sich einer dieser Genossen von seiner Gruppe, läuft an seinem Schlitten vorbei und kommt pustend und schnaubend in seinem dicken warmen Pelz durch den tiefen Schnee gelaufen.

„Wie weit ist es noch bis zum nächsten Dorf?", fragt er, als er uns einholt.

„Zehn Kilometer!", antworten wir.

„Das ist aber noch weit", sagt er fluchend, bleibt stehen und wartet, bis die anderen ihm nach sind und gesellt sich ihnen wieder zu.

„Der Kutscher hat recht. Die da vorne sagen auch, es seien noch zehn Kilometer bis zum nächsten Dorf."

„Genossen, dann heißt es Geduld haben, denn unsere Pferde kommen bei diesem Weg wohl nicht mehr so schnell vorwärts."

„Zehn Kilometer! Also doch", antwortet der in der Mitte mit der stark gebogenen Nase.

Alle drei stecken sich Zigaretten an, setzen sich wieder in den Schlitten, wickeln sich in die Schafpelze und rufen dem Kutscher befehlend zu: „Nu, Kutscher, pogonjaj (Nun, Kutscher, fahre weiter)!"

Der Kutscher springt auf den Kutschbock, zieht die Leine straffer an, knallt mit der Peitsche und in starkem Galopp und Glockengeläut treibt der „Fünfjahrplan" an uns vorüber. Die Pferde laufen aber nur einen halben Kilometer durch den tiefen Schnee, dann geht's wieder im Schritt, denn die armen Tiere können bei solchem Weg unmöglich laufen. Der „Fünfjahrplan" erhebt sich wieder, steigt aus dem Schlitten und schreitet wieder langsam in seinen dicken Schafpelzen hinter dem Schlitten einher. Er muss hier gleich auf seiner ersten Fahrt erfahren, dass nicht alles in dem von Stalin vorgeschriebenem Tempo geht. Aber er schreitet, wenn auch nur langsam, so doch sicher. Und die armen Bauern sollen ihn bald zu fühlen bekommen.

* * *

Es ist zehn Uhr abends. Plötzlich klopft es an meine Tür, ein Junge tritt herein und überreicht mir eine Einladung mit den Worten:

„Ich war im Dorfrat und der Sekretär lässt Ihnen sagen, Sie möchten morgen um zehn Uhr in Halbstadt zum Empfang des Kriegsministers erscheinen."

„Gut, mein Junge!"

Der das Zimmer verlassen hat, denke ich, kann doch unmöglich Woroschilow, der Kriegskommissar, sein. Aus der Einladung ist es auch nicht zu ersehen, denn da ist nur gesagt, ich möchte auf meiner Fahrt nach Halbstadt im Dorfrat vorsprechen, da werde ich das Nähere erfahren.

Als ich am anderen Tag im Dorfrat erscheine, gibt mir der Sekretär eine schriftliche Vorladung zum Empfang von Budjonnyj, dem Inspektor der roten Kavallerie und ersten Mitarbeiter Woroschilows.

Drei Stunden später sind wir in Halbstadt. Es ist der Sitz unserer Kreisregierung. Die ganze Straße ist belebt. Lange Reihen von Fuhrwerken mit Getreide stehen auf der Straße und warten auf die Ankunft Budjonnyjs. Es ist der sogenannte „krassnyj obos" (roter Getreidetransport) mit roten Fahnen. Er soll Budjonnyj zeigen, wie eifrig die Bauern der Regierung freiwillig das Getreide geben. Zwar nur mit Mühe und Not hat man Getreidefuhren noch aufgetrieben – denn der Fünfjahrplan, die drei Männer in Schafpelzen, haben bereits alles Getreide ausgepumpt; das war ihre erste Arbeit –, aber für Budjonnyj führt man noch einen „krassnyj obos" mit roten Fahnen vor.

Die armen Pferdchen! Sie haben noch 40 km mit den schweren Getreideschlitten bis zur nächsten Stadt zu fahren. Sie wollen hier einen kleinen Aufenthalt machen, um mit dem roten Kriegsmachthaber aus Moskau fotografiert zu werden. Und jetzt müssen sie Stunde um Stunde im kalten, schneidenden Wind draußen auf der Straße stehen. Es wird Mittag. Budjonnyj kommt nicht. Es wird zwei Uhr nachmittags. Budjonnyj kommt nicht. Am Ende des Dorfes steht die Wache, um seine Ankunft zu melden.

Plötzlich ist er da. Unangemeldet steht er auf einmal unter der Menge. Er ist vom anderen Ende des Dorfes gekommen. Er ist ein Kosak von mittlerem Wuchs, mit breiten Schultern und mit einem langen schwarzen Schnurrbart, dessen Enden wie zwei lange Küchenschabefühler zu beiden Seiten des breiten Gesichtes nach rechts und links zeigen. Er wird von den Kommunisten zu einem Imbiss ins Haus des Kulaken Dyck geführt, der ihn bewirten muss. Schnell werden die Getreidefuhren in zwei lange Reihen gestellt.

Als Budjonnyj wieder herauskommt, stellt er sich dazwischen und wird mit dem Kreisvorsteher im Kreis anderer Kommunisten geknipst. Auch der Kulake Dyck steht bei ihm und kommt auf das Foto.

Dann eilt alles in den roten Arbeiterklub der Dampfmühle am Ende des Dorfes, denn Budjonnyj will den Delegierten der Dörfer eine Rede über den Fünfjahrplan halten. Die Getreidefuhren setzen sich langsam nach der 40 km entfernten Stadt in Bewegung. Wäre Budjonnyj schon morgens gekommen, so wären sie schon da. Und wäre er überhaupt nicht gekommen, ständen die armen Pferde im warmen Stall und fräßen Hafer und Heu.

Der Arbeiterklub ist überfüllt. Auf dem Podium sitzt der Vorstand, auch ein paar ungebildete Bäuerinnen darunter. In ihrer Mitte ist Budjonnyj. Es ist sieben Uhr abends und für zehn Uhr morgens waren wir eingeladen. Der Kreisvorsteher steht auf:

„Ich eröffne unsere außerordentliche Zusammenkunft, auf der unser Parteigenosse Budjonnyj uns etwas über den Fünfjahrplan sagen will. Hat noch jemand zu diesem Programm des heutigen Abends etwas zuzufügen?"

Alle schweigen.

„Niemand? – Also, einstimmig angenommen. Und ich erteile dem Genossen Budjonnyj das Wort."

Budjonnyj mit seinem langen, schwarzen Schnauzer erhebt sich und hält eine lange Rede über den Fünfjahrplan. Er spricht aber nur über einen Teil des Fünfjahrplans und die Kollektivierung:

„Wir wollen im ersten Fünfjahrplan nur 25% der gesamten Bauernwirtschaften kollektivieren, denn die ganze Landwirtschaft kann man unmöglich in fünf Jahren umstellen. Daraus würde nur ein Chaos entstehen und anstatt Nutzen einen großen Schaden nach sich ziehen. Wir wollen jetzt nur einen Sektor von 25% kollektivieren. Diese Kollektive sollen uns genügend Brot für die Armee und die Arbeiter liefern. Und was die übrigen Bauernwirtschaften dann noch abwerfen, geht alles für den Export. Auch die Kollektivierung soll nicht zwangsmäßig durchgeführt werden. Die Bauern sollen sich persönlich von den Vorzügen der ersten Kollektive, die wir gründen werden, überzeugen. Sie werden dann schon freiwillig in die Kollektive gehen. Kein Zwang soll stattfinden, es geht alles freiwillig. Die Arbeiter- und Bauernregierung ist nicht wie der Zar (Kaiser), dass sie die Bauern unerbittlich ausbeuten, sondern sie tut alles zum Wohl der Arbeiter und Bauern ...“

Ein paar Kommunisten sprechen sich nach der Rede aus und erheben die Sowjetregierung bis in alle Himmel. Budjonnyj sagt ein kurzes Schlusswort, die Versammlung wird geschlossen und die Bauern fahren nach Hause.

* * *

Der Fünfjahrplan schreitet weiter. Die Aussaat ist beendet, nicht aber die Durchführung des Getreidebeschaffungsplanes. Jedes Dorf soll noch einige tausend Zentner Weizen liefern, es ist aber keiner mehr da. Die Regierung in Moskau hat einen Plan aufgestellt. Schon im Frühling beschließt man die Höhe des Ernteertrages. Meistens aber gibt es viel weniger, als im Plan gerechnet wird, und den Bauern wird das letzte Korn genommen. Weil der Getreidebeschaffungsplan nicht durchgeführt ist, besteuert man die Bauern zum zweiten Mal.

Dabei verfährt man nach dem Klassenprinzip. Die Bauern sind in Arm-, Mittel- und Großbauern eingeteilt. Dann rechnet man z. B. den Ernteertrag bei einem Mittelbauer um 30 bis 40% höher als beim Armbauer und beim „Kulaken“ noch höher. Das russische Wort Kulake bedeutet Faust, d. h. Ausbeuter. Der Kulake ist aber durchaus kein Gutsbesitzer, sondern ein gewöhnlicher Bauer, der durch Fleiß und Tüchtigkeit zum Musterbauer des Dorfes geworden ist. Hat ein Bauer einen Knecht oder eine Magd beschäftigt oder etwa seine landwirtschaftlichen Maschinen gegen Entschädigung ausgeliehen, wird er als Kulake gestempelt. Er hat nicht etwa ein Gesetz übertreten, sondern im Gegenteil durfte nach dem Gesetz jeder Bauer bis zu drei fremde Arbeitskräfte beschäftigen. Diese Bestimmung war schon zu Lenins Zeiten herausgegeben und wurde nicht abgeändert, aber zu Beginn des Fünfjahrplanes machte man diejenigen, die fremde Arbeitskraft gehabt hatten, als „Ausbeuter" zu Stimm- und Rechtlosen.

In unserem Dorf war ein Bauer, der ein Jahr lang ein Mädchen beschäftigt hatte. Das tat er nicht heimlich, sondern die Regierung hatte zwischen ihm und dem Mädchen einen Vertrag geschlossen. Dafür machte man den Bauer stimmlos, verkaufte sein Hab und Gut und verbannte ihn auf eineinhalb Jahre in den hohen Norden. Aber heute, nach fünf Jahren, ist er immer noch nicht frei.

Ein zweiter Bauer hatte keine fremde Arbeitskraft, hatte aber seine Dreschmaschine ausgeborgt. Er wurde dafür rechtlos gemacht, verhaftet, ins Gefängnis geworfen und später samt seiner Frau mit sechs Kindern verbannt.

Ein dritter wollte einen Brunnen graben. Die Brunnen waren dort 40 Meter tief. Allein konnte er es nicht, er nahm sich einen Gehilfen und wurde dafür zum Kulaken gestempelt.

Bald begann man mit der „Entkulakisierung", d. h. die Regierung besteuerte die Kulaken mit hohen Getreidelieferungen, wenn sie auch schon ihr letztes Getreide hingegeben hatten. Konnten sie das Geforderte nicht liefern, verkaufte man ihnen alles, was sie hatten. In einem Dorf des Rajons (Kreises) brachten sie Hab und Gut der Kulaken zusammen und versteigerten es öffentlich.

Ich bin eines Tages in Orlow, dem Dorf, wo früher die Bezirksverwaltung war und J. A. Reimer, der Gründer der Siedlung, als erster Oberschulze tätig war. Der ganze Hof der ehemaligen Amtsbezirksverwaltung steht voll landwirtschaftlichen Maschinen.

Es ist Montag. Sonntag hatte hier ein öffentlicher Ausruf des Kulakengutes stattgefunden. Ich schreite durch die Reihen der Maschinen. Es sind ganz neue darunter, welche die Bauer vor einem Jahr von der Regierung für 200 Rubel (400 Mark) gekauft haben. Jetzt hat dieselbe Regierung dem Bauer diese Maschinen für 20 bis 30 Rubel verschleudert. Und das ist nicht, weil er etwa den Kaufpreis noch schuldig ist, denn er hat sie längst bezahlt; auch hat er all seine Steuern entrichtet, sondern nur, weil er zu der Kategorie der Reichen gehört.

Als ich so durch die Reihen der Maschinen schreite, kommt aus dem ehemaligen Amtsbezirksgebäude ein Regierungsbeamte heraus. Ich kenne ihn, es ist Gekel, der Deutschländer. Mit diesem Wort bezeichnet man kurz die deutschen Kommunisten, die entweder als Kriegsgefangene in Russland blieben oder nach dem Krieg aus Deutschland gekommen sind. Sie sind bei den Bauern durchaus nicht beliebt, auch Genosse Gekel nicht. Die Bauern nennen ihn Ekel. Er ist auch ein ehemaliger Kriegsgefangener, blieb in Russland, wurde Kommunist, bekleidet jetzt ein gutes Amt, obwohl er nur gebrochen Russisch und auch kein richtiges Deutsch kann. In Deutschland war er ein einfacher Arbeiter, hier ist er Beamter und verkauft seiner Stammesgenossen Hab und Gut, welches sie sich im Laufe der Jahre durch ehrliche Arbeit im Schweiße des Angesichtes erworben haben. Ich spreche ihn an:

„Sagen Sie doch, Genosse Gekel, warum ruiniert man die Bauern so? Man erreicht damit doch eigentlich nichts."

„Wieso nicht? Die Bauern liefern doch nicht das ihnen auferlegte Getreide und darum werden sie enteignet."

„Die Bauern geben das Getreide nicht? Sie haben doch schon vor der Saatzeit alles Getreide dem Staat abgegeben. Sie wissen doch, dass wir Deutsche schon jahrelang Reinsamen für die Regierung züchten und laut Vertrag all unser Getreide der Regierung abliefern. Wer hat jetzt noch überflüssiges Getreide? – Haben diese Repressalien denn schon etwas genützt?"

„Jawohl, in Ebenfeld fanden wir bei einem Bauern 30 Zentner Hafer!"

„Und das ist alles?"

„Ja!“

„Und weil Sie bei einem Bauer von 50 Dörfern 30 Zentner Hafer gefunden haben, ruinieren Sie jetzt in allen Dörfern die besten Bauernwirtschaften? Damit wird doch das ganze Land geschädigt?“

„Ach was, das Reich wird nicht geschädigt. Die Pferde, die Kühe und Maschinen bleiben doch im Reich. Sie sind den Kulaken nur genommen und gehen in andere Hände über, aber geschädigt wird der Staat dadurch nicht.“

Ich trenne mich von diesem Kommunisten, der doch nur Abschaum der menschlichen Gesellschaft ist, gehe weiter nach der Stelle, wo das Denkmal des ehemaligen Premierministers Stolypin stand. Es ist verschwunden. Hinter dem Stall finde ich die Stücke davon. Nur armselige Bruchteile liegen im Winkel. Und so sieht es in ganz Russland aus. Oben beim Zaren fing die Zerstörung an und jetzt ist man beim Bauern angelangt. Man setzt auch dem Stamm des Landes, den Bauern, die Axt an die Wurzel. Die besten Bürger Russlands sind entweder schon ermordet, oder sie leben in Gefängnissen und Verbannungsorten, und ein internationales Pöbelvolk mit dem blutdürstigen Stalin an der Spitze herrscht über das Riesenreich, welches 45 mal größer als ganz Deutschland ist. Was ist für diese Menschen Russland? Mag es doch zugrunde gehen, wenn nur sie gut leben.

Da hat nun wieder einmal der russische Fabeldichter Krylow so treffend recht mit seiner Fabel „Das Schwein unter dem Eichbaum“. Das Schwein wühlt an der Wurzel der Eiche. Oben auf dem Baum sitzt ein Rabe und spricht zu ihm: „Warum zerstörst du die Wurzeln der Eiche. Der Eichbaum wird davon vertrocknen.“

„Ach was, mag er vertrocknen. Was soll er mir, wenn ich nur meine Eicheln kriege!“, – antwortet das Schwein und wühlt wütend weiter.

So wühlt der Unverstand nun schon Jahr um Jahr an den Wurzeln der russischen Volkskraft und ein Eichbaum nach dem anderen vertrocknet. Jedoch was geht das den Genossen Gekel an, wenn er nur seine Eicheln kriegt?

Vor Moskau

Ein trüber Herbsttag. 15.000 deutsche Bauern liegen vor Moskaus Toren. Hab und Gut haben sie stehen gelassen und sind nach Moskau geflüchtet, um dort die Ausreiseerlaubnis zu erwirken. Vielen von ihnen hat die Regierung zuhause alles, was sie im Schweiße ihres Angesichts in langen Jahren mühsam zusammengearbeitet hatten, verkauft. Jeden Tag geht eine Delegation zu Kalinin und bittet wie einst Mose und Aaron in Ägypten: „Lass mein Volk ziehen!" Aber jedes Mal dieselbe Antwort: „Wir lassen euch nicht, geht hin an euren Dienst!"

Es ist Mitte Oktober. Wieder ist eine Delegation bei Kalinin; Wieder kommen sie mit derselben Bitte: „Lass mein Volk ziehen!"

„Sie dürfen alle ziehen, draußen werden Ihnen die Instruktionen gegeben. Gehen und handeln Sie danach", lautet heute die ganz unerwartete Antwort „Wir dürfen alle ziehen!"

Mit diesen Worten stürmen sie hinaus und rufen es ihren wartenden Brüdern zu.

Ein Sowjetbeamter nähert sich der Gruppe: „Gehen Sie schnell nach Hause, gruppieren Sie sich zu 100 bis 200 Familien, bilden Sie Komitees, die die Listen zusammenstellen, Papiere ordnen und reichen Sie gruppenweise ein. Aber schnell muss es gehen. Bis zur Oktoberfeier müssen Sie alle draußen sein!"

„Wir dürfen alle ziehen!", geht es von Mund zu Mund, von Haus zu Haus, von Ort zu Ort. Ein großer Jubel herrscht in allen Familien.

„Bald, bald sind wir fort von der Tyrannenherrschaft der Bolschewiken und können in einem anderen Land frei unseren Glauben leben und eine neue Heimat gründen."

Wenige Tage darauf hält ein Regierungsauto aus Moskau vor dem Hause des Komitees. Zwei Beamte springen heraus.

„Habt ihr die Papiere der ersten Gruppe fertig?"

„Eben sind sie fertig geworden."

„Kommen Sie und fahren Sie mit, es muss schnell gehen!"

In einer halben Stunde sind sie in Moskau in der Auslandsabteilung. In aller Eile werden die Listen mit den vorhandenen Papieren verglichen. Stimmt die Angabe auf der Liste mit dem beigelegten Pass. So wandert letzterer in den Papierkorb und in den Listen wird ein entsprechender Vermerk gemacht. Nach einer Stunde ist alles fertig.

„Heute Nacht müssen Sie reisen. Fahren Sie nach Hause und bereiten sie sich zur Ausreise vor!"

Um Mitternacht geht der erste Zug mit Flüchtlingen ab nach Deutschland, bald darauf der zweite. Dann sollen der dritte und weitere Züge gehen, denn bis zur Oktoberfeier soll die Umgebung Moskaus von den Deutschen gesäubert sein. Die erste Gruppe kommt nach Deutschland, die zweite bleibt aber schon in Leningrad stecken, dann stockt alles.

„Niemand will Sie haben, niemand nimmt Sie auf!" – heißt es da auf einmal.

Der eben noch so klare Himmel ist plötzlich mit schweren Gewitterwolken bedeckt. Die Oktoberfeier kommt und geht. Der Himmel wird immer dunkler, der Tag wird zur Nacht und kein Sonnenstrahl durchbricht das schwarze und drohende Gewölk.

Da, mit einmal, am Tage nach der Oktoberfeier ein greller, zuckender Blitz, ein furchtbarer Donnerschlag. Das ist das erste Zeichen des hereinbrechenden schrecklichen Gewitters.

„Langemann ist heute Nacht von der GPU (staatlich-politische Verwaltung) verhaftet!" geht es flüsternd und angstvoll eines

Morgens von Mund zu Mund. Dann ist wieder alles still und die schwarze Nacht scheint noch schwärzer.

Aber nur für einen Augenblick dauert diese schwüle, unheimliche Stille, dann folgt Blitz auf Blitz, Schlag auf Schlag. Verhaftung auf Verhaftung. Jetzt ein gewaltiger Windstoß. Er wirft mehrere tausend deutsche Bauern zurück in ihre unlängst verlassenen, zerstörten Heimatdörfer.

Plötzlich wird es still. Nur ein Drittel der Flüchtlinge kommt nach Deutschland. Dann kehrt die Flut wieder zurück, bedeckt aber nicht das Heer Pharaos wie zu den Zeiten Mose, sondern die zurückgebliebenen deutsche Flüchtlinge.

Die meisten Männer sind verhaftet und schmachten hinter dicken Gefängnismauern. Aber das Gewitter bleibt nicht in Moskau, es breitet sich über ganz Russland aus und hat noch immer kein Ende.

Auch ich war mit meiner Familie vor Moskaus Toren, aber auch wir gehörten zu denen, welchen es nicht vergönnt war, aus Russland zu entkommen. Meine Frau wurde mit vielen anderen gewaltsam zurück nach Sibirien geschickt, während ich bei unserem an Scharlach erkrankten Jungen im Krankenhaus bleiben musste. Später kam meine Frau wieder, doch bestand kaum noch Hoffnung, dass die Ausreise uns gestattet würde.

Meine Verhaftung

Es ist ein schöner, warmer Frühlingstag. Der Schnee ist fast überall verschwunden und zartes Grün sprießt hervor. Mir liegt etwas wie Blei in den Gliedern und ich bin in gedrückter Stimmung. Nachmittags schlägt meine Frau einen kleinen Ausflug über den Bach nach der jungen Tannenschonung vor. Ich willige ein und wir gehen hin. Am Rande des Tannenwäldchens legen wir uns im Sonnenschein nieder, um im Freien ein Mittagsschläfchen zu halten. Ich wälze mich von einer Seite auf die andere und kann nicht einschlafen. Leise stehe ich auf. Meine Frau ist eingeschlummert. Es liegt mir etwas im Gemüte, eine dunkle Ahnung, die ich mir gar nicht erklären kann. Still entferne ich mich. Als ich mich umschaue, sehe ich, dass meine Frau mir nacheilt. Ich warte, bis sie mich eingeholt hat, und wir gehen zusammen zurück. Die Sonne neigt sich dem Horizont zu. Nun sitzen wir alle drei in unserer Stube, und wieder kommt die sonderbare schwere Ahnung.

Plötzlich kommt die Frau des Mitbewohners und bittet ums Hausbuch (ein Buch, in welchem die Bewohner des Hauses polizeilich registriert sind). Ein Mann begehre es zu sehen. Wie ein Schlag fährt es mir durch Mark und Bein: Es ist die GPU!

Ich habe recht. Der Mann macht bei mir eine Hausdurchsuchung, rafft alle Papiere zusammen und erklärt mir, ich werde auf ein oder zwei Tage mitfahren müssen. Dann setzt er sich und sagt, ich solle noch alles mit den Meinen besprechen. Diese weinen und ringen die Hände. Der Agent der GPU tröstet sie und versichert, es liege keine Klage wider mich vor, man wolle nur meine Papiere prüfen, dann dürfe ich wieder zurück. Schweigend sitze ich da und Gott schenkt mir Ruhe und Kraft.

„Idjomtje!“ (Kommen Sie), sagt der Tschekist um neun Uhr. Draußen vor der Tür steht sein Gehilfe, ein Riese von Gestalt. Er hat dort die ganze Zeit Wache gehalten.

Ich nehme kurz Abschied von meinen Lieben. Meine Frau folgt mir bis zur Pforte. Noch einmal dreht sich der GPU-Beamte um und erklärt meiner Frau: „In zwei Tagen ist Ihr Mann wieder da!“

Er behauptet das so sicher, dass auch ich etwas daran glaube. Unter hohen Fichten und Tannen geht's dem Ausgang zu. Da bleibt meine Frau stehen und schaut uns nach. Bald biegen wir um die Ecke und meine Lieben entschwinden meinen Blicken. „Werde ich sie noch einmal in diesem Leben wieder sehen?“

* * *

Zwischen zwei bewaffneten Tschekisten geht's zum Bahnhof. Bald kommt der Zug und nimmt uns mit nach Moskau. Wir gehen nicht den gewöhnlichen Weg, auf welchem die Reisenden den Bahnsteig verlassen, sondern auf einem Seitenweg. Bei der Sperre zeigt der Tschekist seinen Pass vor und wird sehr höflich durchgelassen. Der Agent der GPU fordert telefonisch ein Auto. Nach einigen Minuten sitzen wir alle drei in einem schwarzen offenen Auto der GPU und fahren durch die Straßen Moskaus auf das Zentrum zu. Bald darauf halten wir vor Lubjanka. Das ist ein Häuserkomplex im Zentrum Moskaus. Hier sind die Verwaltungsgebäude der GPU und das innere Gefängnis.

Wir treten ein. Geheimnisvolle Stille umgibt uns. Die Posten stehen wie Statuen da und rühren sich nicht.

„Ein Deutscher!“, – sagt mein Begleiter zum wachhabenden Gefängniswärter.

„Nummer vier!“, – ist die lakonische Antwort.

Einer der Posten übernimmt mich von dem Tschekisten, der mich verhaftet und hergebracht hat. Ich werde in eine Kammer zur Untersuchung gebracht. Nachdem man mir alles abgenommen hat, steckt man mich in ein leeres Zimmer, reicht mir einen Fragebogen zum Ausfüllen und verlässt mich. Ich schreibe meine Antworten in die Spalten des Formulars und warte, was nun weiter kommen wird. Wieder öffnet sich die Tür, die Wache fordert mich auf mitzukommen, führt mich durch ein paar Korridore, bleibt vor einer Zelle Nr. 4 stehen, öffnet sie, schiebt mich hinein, schlägt die Tür zu, dreht den Schlüssel um. „Ich bin gefangen!"

Es ist die so genannte Hundezelle. Davon gibt es zwei Arten, eine heiße und eine kalte. Ich bin in einer heißen. Vier Menschen sind schon drin. Sie liegen alle auf Holzpritschen. Für mich ist schon kein freier Platz. Ich setze mich zu den Füßen des einen und schweige. Die Zelle ist spärlich beleuchtet. An einer Wand sind zwei Holzpritschen, an der anderen eine und in der Mitte eine. In der Ecke neben der Tür steht ein großer Blecheimer für die menschlichen Bedürfnisse, die so genannte „Parascha".

Jetzt bin auch ich in den Klauen der GPU! Jetzt bin ich gefangen in der Lubjanka! Werde ich jemals wieder in die Freiheit kommen? Werde ich meine Familie jemals wieder sehen? Zwar sagte der Tschekist, in zwei Tagen sei ich wieder da, aber diese Zelle, diese geheimnisvollen Wachen hier, die dicken Mauern, die ganze Umgebung sieht doch durchaus nicht danach aus, dass sich schon nach zwei Tagen die Klauen der GPU öffnen werden, um den Vogel in die Freiheit zu lassen. Nein, nein, was die Lubjanka erst einmal in ihren Fängen hält, gibt sie nicht so schnell wieder frei. Ich möchte schreien, laut aufschreien! Die Luft wird so dick, so eng, es legt sich mir wie ein schwerer Alp auf die Brust, der Gaumen ist so trocken, die Zunge glüht, die Kehle scheint sich mir zusammenzuschnüren. Ich möchte aufspringen und gegen die Tür laufen, die Fenster zerschlagen, die Eisengitter zerbrechen und hinaus in die Freiheit, in die goldene Freiheit! Armer Tor! Ein Blick auf die Tür und Fenster sagen mir, dass alles, alles nichts hilft, dass ich gefangen bin und bleibe. Hier gibt es kein Entweichen, kein Entrinnen.

Aber nein, nein, das geht doch nicht! Was wird aus meiner Familie, wenn ich hier bleiben muss? Sie hat doch nichts mehr zum Leben und wird im Elend verhungern und umkommen müssen. Darum habe ich ja auch im Fragebogen auf die Frage, welche besonderen Wünsche ich habe, geantwortet: *„Ich bitte, meine Sache so schnell wie möglich durchzusehen, damit ich zurück zu meiner Familie komme, die gänzlich mittel- und hilflos zurückgeblieben ist, und ohne mich untergehen muss."*

Armer Tor! Damit hast du der GPU nur deine Blöße gezeigt, welche sie ausnutzen kann, um dich tödlich zu verwunden!

Langsam hebe ich den Blick auf und sehe mir meine Leidensgenossen etwas näher an. Sie liegen wohl still auf ihren Holzpritschen, scheinen aber nicht zu schlafen, denn ab und zu öffnen sie die Augen und betrachten still den neuen Ankömmling.

Schließlich erhebt sich aus der einen Ecke langsam ein Mann mit schwarzem, krausem Haar und einer langen krummen Nase, kommt zu mir und fragt:

„Haben Sie nicht etwas zu rauchen?"

„Nein, ich bin Nichtraucher."

„Nichtraucher? Wer sind Sie denn?"

„Ein Deutscher!"

„Ein Deutscher? Der ist auch ein Deutscher", damit zeigt er auf einen auf der Holzpritsche an der Wand liegenden Mann. Wir hatten uns schon vorher stillschweigend beobachtet.

„Mein Name ist Fast. Sind Sie ein Deutscher?", wende ich mich an den Mann.

Mit einem Ruck richtet er sich an, setzt sich hin und sagt: „Ja, ich heiße Jakob Brauer und komme aus Sibirien."

„Aus Sibirien? Aus welcher Gegend?"

„Aus Omsk."

„Aus Omsk? Brauer aus Omsk? Hatten Sie vielleicht in Kleefeld eine Schwester?"

„Ja, da wohnte Frau Harder, meine Schwester."

„Die kenne ich gut, denn bei Harders hatte ich eine Wohnung, als ich vor 15 Jahren in Kleefeld Lehrer war. Warum sind Sie verhaftet?"

„Ich bin Reichsdeutscher, wollte nach Deutschland ziehen, fuhr im verflossenen Sommer zu meinem Bruder in Deutschland und brachte meine Mutter hin. Als ich zurückkam, verhaftete man mich, beschuldigte mich der Agitation für Auswanderung, hielt mich den ganzen Winter in den Gefängnissen in Omsk und Novosibirsk gefangen. Und jetzt hat man mich hierher gebracht. Was man mit mir machen wird, weiß ich nicht. Ich bin gestern hier in Moskau angekommen und die erste Nacht hier."

Unsere Freude über unser Zusammentreffen ist groß. Ich teile ihm meine Verhaftung mit und wir plaudern noch lange zusammen. Wir fühlen uns doch gleich als Brüder hier in den Klauen der GPU. Aber dann verstummt unser Gespräch und jeder hängt seinen Gedanken nach.

Plötzlich richtet sich der Russe, auf dessen Bank ich sitze, auf, rafft seine Lumpen zusammen, auf denen er gelegen hat, lagert sich auf den Fußboden neben der Holzpritsche und bietet mir diese zum Liegen an. Ich protestiere, er aber sagt seelenruhig:

„Legen Sie sich nur auf die Bank. Ich bin nur ein Lumpensammler und kann auf dem Boden liegen. Sie aber sind ein intelligenter Mensch und nicht gewöhnt, auf dem Fußboden zu liegen. Legen Sie sich nur auf die Bank und ich schlafe hier unten weiter."

Trotz meines Zuredens kehrt er nicht auf die Holzpritsche zurück, sondern dreht sich auf die Seite, zieht seinen Lumpenrock tiefer über den Kopf und beginnt bald darauf zu schnarchen. Seine Bank ist leer und ich lege mich nun doch zum Schlafen hin. Davon wird aber nichts.

Von Zeit zu Zeit öffnet sich die Tür, still schiebt man einen Mann herein, leise fällt die Tür wieder ins Schloss und alles ist wieder still. Verdutzt schaut der neue Gefangene sich zwischen den vier Wänden um, setzt sich auf den Fußboden, weil alle Pritschen besetzt sind, und brütet über sein Schicksal.

Bis zum Morgen ist unsere Zelle überfüllt und wir sind etwa ein Dutzend Gefangener. Es wird in der an sich schon heißen Kammer immer unerträglicher. Ich halte es schließlich nicht mehr aus, lege die Oberkleider ab, setze mich ans Fenster und suche da etwas frische Luft zu bekommen.

Wir sind aber noch nicht in der heißesten Zelle. Einige meiner Leidensgenossen sagten mir später, bei ihnen sei es noch heißer gewesen. Sie hätten sich ganz ausgezogen und unten an der Türspalte nach frischer Luft geschnappt. Aus so einer Zelle kommt man dann noch oft in eine Kältezelle, wo man auch in den wärmsten Kleidern friert. Ich bin nur eine Nacht in der heißen Zelle gewesen, aber mein Freund Brauer, den ich hier traf, ist auch noch in der kalten Zelle gewesen.

Wozu tut man das? Das tut man, um die Menschen mürbe fürs Verhör zu machen. Sie sollen alles gestehen, was man von ihnen haben will. Nicht, was sie getan haben, will man wissen, denn die GPU weiß nur zu gut, dass sie unschuldig sind, aber ihre Opfer sollen alles unterschreiben, was man von ihnen haben will und was man ihnen vorlegt. Das braucht die GPU, um die Schuld für irgendein Misslingen in der Sowjetwirtschaft auf diese Armen zu schieben, oder aber auch zum Beweis ihrer Wachsamkeit und Tüchtigkeit. Die GPU ist „Ohr und Auge der Sowjetregierung", so heißt es immer beim Verhör.

Lange, lange dauert diese Nacht in der heißen Kammer auf der Lubjanka, aber endlich hat auch die längste Nacht ein Ende. Die Gefangenen erheben sich einer nach dem anderen und warten auf die weiteren Dinge.

In einer Ecke sitzt ein junger chinesischer Student. Er stützt den Kopf auf beide Hände, seufzt tief und murmelt leise vor sich hin:

„UdSSR ... dwa slowa .... reschotka ... ne dumal ..." („Sowjetrussland ... zwei Worte ... Gitter ... hätte ich nicht gedacht ...")

Was bedeuten diese abgerissenen Worte im gebrochenem Russisch aus der beklommenen Brust dieses chinesischen Studenten?

Die Sowjetregierung hatte im Herbst 500 kommunistische Studenten in China angeworben, brachte sie nach Moskau und bildete sie an der Moskauer Universität als kommunistische Propagandisten aus, um sie dann als solche zurück nach China zu schicken, wo sie unter ihrem Volk den Kommunismus verbreiten sollten.

Dieselbe Methode wendet man überall an. Man holt sich die Leute aus aller Welt- und Erdteilen, bildet sie zu Propagandisten aus und schickt sie dann zurück in ihre Heimat, wo sie durch ihre feurigen, aufhetzerischen Reden das Volk gegen ihre Regierung aufstacheln und für den Kommunismus zu gewinnen suchen. Zu diesem Zweck scheut man keine Mittel und die Regierungen vieler Länder sind naiv genug, dies nicht zu merken. Sie lassen die Moskauer Henker ruhig ihr Verbrecherwerk betreiben und schließen Nichtangriffspakte mit Menschen, die Tag und Nacht nur darüber nachsinnen, wie sie die Staatsfundamente ihrer Verbündeten untergraben und die Flamme der Revolution bei ihnen entfachen können.

Mit großer Begeisterung kamen diese 500 Chinesen in das „rote Moskau", der Residenz des einzigen freien Proletariates der Welt. Hier zu den Füßen der roten Professoren wollten sie die kommunistische Weißheit in großen Zügen schlürfen, um dann bereichert zu ihrem armen, geknechteten chinesischen Volk zurückkehren und bis zum letzten Blutstropfen für die Befreiung derselben zu kämpfen. Der Kommunismus sollte ihnen diese Freiheit bringen. Und Moskau, das schöne rote Moskau, sollte ihnen den Weg zu diesem Paradies zeigen.

Als sie nun ein halbes Jahr in Moskau studiert und das Jagen und Treiben des Kommunismus in der Nähe angesehen hatten, wagten sie es, etwas wider die Art und Weise der Durchführung der Sowjetregierung zu äußern. Sie sagten nichts gegen den Kommunismus im Allgemeinen, denn der war ihnen hoch und teuer. Sie waren und blieben glühende Kommunisten, aber die grausamen Methoden der Sowjetregierung in Russland widerten sie an, sogar ihr asiatisches Herz empörte sich über diese Ruchlosigkeit. Sie wagten es dagegen zu protestieren und 150 Mann von ihnen wanderten in die Gewölbe der Tscheka (Außergewöhnliches Komitee).

Dieser Student ist einer von den 150. Er ist, wie auch ich, die erste Nacht in der Lubjanka in der heißen Kammer. Er denkt zurück an seine Heimat, die er vor kurzem mit vollem kommunistischem Herzen verlassen hat, er denkt an den feierlichen Empfang in dem „roten Moskau", an die ersten Tage in der Ostuniversität. Schon sah er im Geiste sein armes, geknechtetes China befreit aufjauchzen unter den roten Fahnen des Kommunismus ... Und jetzt? Jetzt sitzt er hier hinter Schloss und Riegel in Lubjanka. Alle schöne Begeisterung ist dahin und in gebrochenem Russisch macht sich die beengte und enttäuschte Brust des armen chinesischen Studenten Luft.

„Sowjetrussland ... zwei Worte ... Gitter ... hätte ich nicht gedacht ..."

Alle sehen mitleidig in die Ecke auf den armen Chinesen. Hin und wieder huscht ein spöttisches Lächeln über das bleiche Gesicht der anderen Gefangenen. Nur der Lumpensammler lässt sich nicht stören und schnarcht ruhig weiter.

Jetzt aber erhebt auch er sich, setzt sich hin, betrachtet uns der Reihe nach und beginnt langsam und sarkastisch: „Ja, der Student kam nach Sowjetrussland, wollte hier die Freiheit schmecken. Jetzt hat er sie geschmeckt, die goldene Sowjetfreiheit."

„Und der Onkel dort mit dem weißen Bart", sagt er weiter, auf einen ehrwürdigen alten russischen Herrn zeigend. Der Mann sitzt auf dem Boden, das graue Haupt tief auf die Brust geneigt, und stößt lange, schwere Seufzer in den schneeweißen, patriarchalischen Bart. „Der hat Gold zusammengescharrt. Jetzt kann er hier in der Lubjanka darüber nachgrübeln, wo er sein Gold verscharrt hat."

„Und dieser Deutscher hier", fährt er auf Brauer zeigend fort, „wollte hier bei uns Reichtümer anhäufen, um diese dann nach Deutschland auszuführen. Jetzt bist du in Deutschland und kannst überlegen, wie du dein Geld am besten anlegen willst, denn Zeit gibt die GPU hier genug."

„Bald wird die Tür aufgemacht, wir gehen in die Toilette, dann gibt man uns etwas Brot und Tee. Der „schwarze Rabe" kommt, bringt den einen nach Lubjanka Nr. 14, den anderen nach Taganka (großes Gefängnis in Moskau für Kriminalverbrecher), den dritten in die Butyrki (das größte und gefürchteteste

Gefängnis der GPU in Moskau für politische Verbrecher). Der „schwarze Rabe" wird schon einen guten Platz für jeden von uns finden."

„Und wer bist du, warum sitzt du hier und wohin wird dich der ‚schwarze Rabe' bringen?", fragt einer von uns.

„Ich? Ich bin ein armer, ungebildeter Lumpensammler. Ich sammle in Moskau Lumpen, verdiene meine zwei, drei Rubel am Tag, esse mich satt und betrinke mich für den Rest. So geht es einen Tag nach dem anderen. Für morgen sorge ich nie, denn jeder Tag wirft ab, was ich brauche. Einmal fand mich die Miliz betrunken auf der Straße und steckte mich ins Gefängnis. Zwei Monate saß ich in der Butyrki. Gestern brachte man mich hierher, heute komme ich in die Freiheit."

„Wie weißt du das so bestimmt?", fragt jemand.

„Wie ich das weiß? Hm .. das ist doch einfach. Ich bin ja kein schädliches Element. Ich bin ein armer Lumpensammler. Ich habe nur getrunken, mich lässt man wieder hinaus in die Freiheit. Wenn der „schwarze Rabe" euch an Ort und Stelle gebracht hat, lässt man mich sicher hinaus, denn ich bin kein schädliches Element wie ihr. Ich kannte schon Lenin, ich kenne auch Stalin und Molotow, aber ihr seid Feinde und Schädlinge der Sowjetregierung. Euch lässt man nicht sobald wieder frei. Ha, ha, ha!"

In schmutzige Lumpen gehüllt, das lange, schwarze Haar zersaust und ungekämmt, mit langem schwarzen, struppigen Bart, ungewaschenen Händen und Gesicht, aufgedunsener, roten Trinkernase, sitzt er zusammengekauert am Fußboden, der freie Proletariersohn der Sowjetregierung.

Er fühlt sich durchaus nicht beengt durch das Gefängnis, denn es ist sein Erholungsheim, wenn ihm draußen sein Nachtlager unter freiem Himmel zu kühl wird. Im Sommer bettelt er, sammelt Lumpen, stiehlt, trinkt, übernachtet unter freiem Himmel in Straßengräben, auf dem Schutthaufen oder sonst wo in düsteren Winkeln und Löchern, wo er wenigstens etwas Schutz vor Regen und Sturm findet. Im Spätherbst oder Winter, wenn der Schnee alles mit seinem weißen Leichentuch bedeckt und das Thermometer auf 20 bis 30 Grad unter Null fällt, es auch dem Lumpensammler draußen nicht mehr behagt, betrinkt er sich, legt sich auf den Bürgersteig, fängt mit der Miliz, die ihn von hier vertreiben will, einen Handel an, flucht und schimpft, gebärdet sich wie ein tolles Tier, wird ins Gefängnis geworfen und verbringt den kalten, russischen Winter im Gefängnis. Er ist überall und in allen Verhältnissen zuhause, fürchtet weder Miliz noch GPU und lebt wie die Vögel unter dem Himmel.

Wir wissen, er hat recht. Wir beneiden ihn um sein Schicksal, um seine Freiheit, die ihm nun bald winkt, während sein düsterer Krakelspruch über unseren Köpfen schwebt und wohl in Erfüllung gehen wird.

Die Tür geht auf, man reicht Tee und Brot herein und wir frühstücken. Der erste Krakelspruch geht in Erfüllung. Wir warten weiter.

Wieder geht die Tür auf. Der Aufseher kommt herein, hält einen Zettel in der Hand und liest zwei Namen. Die Aufgerufenen müssen mitkommen.

„Der schwarze Rabe", sagt der Lumpensammler gelassen. Wieder öffnet sich die Tür und müssen zwei mitkommen.

„Wenn wir doch zusammen weggebracht würden!", wünschen Brauer und ich uns.

Ein Paar nach dem anderen wird abgerufen. Wieder öffnet sich die Tür und der Aufseher liest:

„Fast!"

„Hier!"

„Brauer!"

„Hier!"

„Kommen Sie mit Ihren Sachen!"

Schnell raffen wir unsere Ranzen zusammen und eilen hinaus. Der Tschekist kommandiert von hinten, denn nie geht er voran, sondern immer mit geladenem, schussbereiten Revolver hinterher.

Als wir vor die Tür kommen, steht da ein großes schwarzes Auto, hinten weit geöffnet, bereit. Es ist der berühmte „schwarze Rabe".

„Einsteigen ohne Fragen!“, brüllt ein Tschekist mit Donnerstimme, als wir eben schüchtern die Füße über die Schwelle setzen.

Schnell und lautlos verschwinden wir in dem Rachen des „schwarzen Raben“, wo auch unsere Leidensgenossen aus Hundezelle Nr. 4 auf uns warten. Immer mehr und mehr Paare kommen herein, bis das Auto schließlich gefüllt ist. Es ist stockfinster drinnen und man kann nichts sehen. Die Tür wird zugeschlagen, ein Tschekist setzt sich davor, der andere nimmt neben dem Chauffeur Platz und der „schwarze Rabe“ setzt sich in Bewegung. Er dient zum Transport der Gefangenen und Todeskandidaten und schon manch einer hat in ihm seine letzte Fahrt im Leben gemacht. Über unseren Köpfen blitzt eine kleine Lampe auf und beleuchtet spärlich unseren Raum.

Der zweite Krakelspruch des Lumpensammlers geht in Erfüllung.

Wohin wird man uns bringen?

Einige meinen, in die Butyrki. Der „schwarze Rabe“ macht ein paar Biegungen und hält.

„Lubjanka Nr. 14!“, erklärt ein Kundiger.

Er hat recht. Paarweise ruft man uns heraus und sperrt uns in eine. ganz leere Kammer, die so genannte Sammelkammer. Wir sind etwa 20 Mann. Alles wandert ungeduldig, wie gefangene Tiere im Käfig, auf und ab. Ein großer ukrainischer Bauer wirft sich in eine Ecke und stöhnt. Dann öffnet sich in der Tür ein kleines, eckiges Loch und man reicht uns das Mittagessen herein. Es besteht aus Suppe und Grütze und schmeckt gar nicht so übel. Dann ruft man uns wieder paarweise heraus und wir werden von vorne und von der Seite mit einer Nummer auf der Brust geknipst. Wehe dem, dessen Bild einmal in die Akten der GPU kommt! Er ist verloren, auch wenn er noch einmal freikommt. Die GPU lässt ihn nicht aus den Augen, denn er ist zur Vernichtung gebrandmarkt. Lässt man ihn auch noch einmal los, so ist er doch nicht frei. Das scharfe Auge der GPU verfolgt ihn, wohin er auch flieht, bis sich eines Tages eine schwere, kalte Hand auf seine Schulter legt und die geheimnisvollen Worte flüstert: „GPU. Kommen Sie mit, Bürger!"

Sein Blut gerinnt in den Adern, willenlos folgt er der GPU, wie ein zitterndes, hilfloses Mäuschen dem stieren, gierigen Blick der Schlange folgt und dann in deren Rachen verschwindet.

Nach dem Fotografieren werden wir untersucht. Alles, bis aufs Hemd müssen wir ausziehen, jede Naht, jeder Strumpf, jeder Schuh wird befühlt und untersucht, ob nicht irgendwo ein Stück Papier versteckt ist. Dann verteilt man uns in den Zellen. Brauer und ich kommen zusammen in eine Zelle.

Die erste Nacht liegen wir auf dem Fußboden, weil die Holzpritschen alle besetzt sind. In den Gefängnissen der Lubjanka herrscht stets Totenstille. Die Posten stehen wie leblose Statuen in den Korridoren, die Gefangenen unterhalten sich nur im Flüsterton. Der Fußboden ist aus Parkett, denn das Haus war früher Verwaltungsgebäude einer Versicherungsgesellschaft. Die Fenster sind fast bis obenan mit dicken eisernen Läden verschlossen und nur die obersten Scheiben sind frei. Daher herrscht stets ein unangenehmes Halbdunkel in den Zellen.

Draußen hört man Tag und Nacht die schweren Schritte der auf- und abschreitenden Wache. An der Wand hängt ein Papier mit zehn langen Regeln, wovon die eine lautet:

Jedes Hinausschauen ist strengstens verboten und die Wache hat ohne Warnung auf jedes Gesicht, welches sich oben am Fenster zeigt, zu schießen!

Auch hier ist in der Tür das eckige kleine Loch, durch das man den Gefangenen das Essen hereinreicht. Morgens bekommt jeder Gefangene ein Stück Brot, das für den ganzen Tag reicht, mittags und abends eine Schüssel Hirsegrütze und außerdem morgens und abends Tee und drei Stück Würfelzucker täglich. Es gibt jeden Tag ein und dasselbe Essen, aber reichlich, sodass man in der Lubjanka nicht gerade zu hungern braucht.

Mein Verhör

Am zweiten Tag um neun oder zehn Uhr abends öffnet sich die Tür, der Aufseher tritt herein, liest meinen Namen und sagt: „Folge mir zum Verhör!"

Es geht durch mehrere Gänge, bald rechts, bald links, bald treppauf. Die Wache hinter mir kommandiert nur immer in kurzen scharfen Worten: „Vorwärts, rechts, vorwärts, links, vorwärts, geradeaus, treppauf ..."

„Stopp!", schreit der Mann schließlich im dunklen Flur vor einer Tür.

Der Wächter klopft an.

„Herein!" Wir treten ein und sind vor dem Untersuchungsrichter. Es ist ein sehr junger, etwa 22-23-jähriger Mann. Der Raum ist seltsam geheimnisvoll beleuchtet, an den Wänden stehen große Schränke mit Akten und in einer Ecke sitzt hinter einem grünen Tisch scheinbar tief in den Akten versunken ein kleiner, unansehnlicher Mann.

Er erhebt seine stechenden Augen, lädt mich freundlich zum Sitzen ein, wechselt ein paar Worte mit der Wache und entlässt sie dann. Ich habe ihm gegenüber auf einem Stuhl Platz genommen. Mein Herz schlägt unruhig und ich seufze zu Gott um Kraft und Stärke.

Er nimmt einen Bogen Papier und beginnt. Zuerst schreibt er auf, wann und wo ich von Kindheit an gewohnt und womit ich mich beschäftigt habe. Nach all diesen Fragen formeller Art richtet er sich auf, fixiert mich mit den Augen und fragt langsam:

„Sagen Sie einmal, warum sind Sie eigentlich verhaftet?"

„Das weiß ich selbst nicht."

„Haben Sie keine Ahnung?"

„Nein, ich bin mir keiner Schuld bewusst."

„Denken Sie doch einmal nach, wissen Sie denn wirklich nichts? Sie müssen doch aus irgendeinem Grund verhaftet sein. Die GPU verhaftet doch niemand unschuldig. Strengen Sie sich nur ein klein wenig an, es wird Ihnen schon einfallen."

„Nein, ich weiß nichts."

„Wirklich nicht? – Na, wollen einmal sehen. Sagen Sie mal, glauben Sie an Gott? Glauben Sie fest an Gott?"

„Ja."

Er fixiert mich wieder lange mit seinen Augen. „Warum ist Ihre Frau wieder zu Ihnen gekommen? Wir hatten sie doch nach Sibirien geschickt."

„Was sollte sie da allein? Sie wollte doch wieder zurück zu ihrem Mann und dem todkranken Kind."

„Wollte zu ihrem Kind? Ha, ha, ha, wollte zu ihrem Kind! Ich habe auch Kinder, möchten sie alle sterben, heute noch, ist mir ganz gleich!"

„Aber so denken nicht alle Menschen, besonders nicht eine Mutter."

„Lieben Sie ihre Frau und Ihr Kind?"

„Gewiss liebe ich sie."

„Lieben Sie sie sehr?"

„Selbstverständlich."

„Gut, wir werden Sie nach dem hohen Norden verbannen. Wir werden auch Ihre Frau und Ihr Kind verbannen!"

„Das können Sie tun, die Macht haben Sie, aber Sie vernichten uns dann unschuldig, denn wir haben nichts getan, als dass wir auf gesetzlichem Wege Russland verlassen wollten, um nach Amerika zu ziehen, wo wir Verwandte haben."

„Sind Sie wirklich unschuldig! Wie ein neugeborenes Kind! Ganz unschuldig! Und dann sind Sie noch ein Lehrer! Pfui, schämen Sie sich! Sagen Sie mal, wollen Sie auch jetzt noch auswandern?"

„Sicher, wenn Sie uns hinauslassen, will ich auch jetzt noch auswandern."

„Auswandern will er auch jetzt noch und will sich die Auswanderung um jeden Preis erzwingen", schreibt er darauf ins Protokoll.

„Jetzt wollen wir einmal sehen, wie es mit der Agitation bei Ihnen steht. – Sagen Sie einmal, wie stehen Sie zur Sowjetregierung. Haben Sie die gelobt?"

„Nein!"

„Haben Sie sie verachtet?"

„Auch nicht."

„Was, Sie haben weder gelobt noch verachtet? Das geht ja gar nicht. Was haben Sie denn getan? Sie nahmen wohl Wasser in den Mund? Sagen Sie mal, haben Sie auch einmal einen Vertreter der Sowjetregierung verachtet und über ihn schlecht gesprochen, wenn auch nicht öffentlich auf Dorfversammlungen, aber so vielleicht einmal?"

„Das ist eine verhängnisvolle Frage, aber ich antwortete wahrheitsgetreu: Ja, das habe ich getan."

„Über wen?"

Ich nenne einen Namen.

„Warum haben Sie über ihn schlecht gesprochen und warum waren Sie mit ihm unzufrieden?"

„Weil er mich widergesetzlich zum Kulaken gestempelt hatte, denn nach den Bestimmungen gehörte ich nicht dazu."

„Wo sprachen Sie über ihn?"

„Zuhause, im Kreise meiner Eltern und Geschwister."

„Also hatten Sie da ein konterrevolutionäres Nest in Ihrem Hause. – Wie viel Kühe hatten Sie?"

„Drei."

„Wie viel Pferde?"

„Auch drei."

„Nennen Sie einmal einen armen Bauer aus Ihrem Dorf."

Ich nenne einen.

„Wie viele Pferde und Kühe hatte der?"

Bei uns deutschen Bauern war der Unterschied zwischen „reich" und „arm" nicht mehr so groß, denn wirtschaftlich „Reiche" gab es schon lange nicht mehr. Die hatte man alle in den ersten Jahren der Revolution beseitigt. Arm brauchte auch niemand zu sein, denn jeder, der arbeiten wollte, hatte Kleider und Brot. Die Regierung aber hatte die Bauern alle in drei Klassen geteilt: arme, mittelarme und reiche. Letztere waren es, die man auch Kulaken nannte, und sie unterlagen der Verbannung und Vernichtung. Es waren die ehrlichsten, fleißigsten Bauern, die durchaus nicht reich waren, aber durch Fleiß und Arbeitsamkeit ihre Wirtschaften in bester Ordnung hatten und dem Staat auch die meisten Steuern und Getreideabgaben lieferten. Sie hatten meistens nicht mehr Ackerland, als die Mittel- und Armbauern.

Der Tschekist hatte wohl erwartet, dass der Armbauer, den ich ihm nennen würde, nichts gehabt hätte. Wenn ein Armbauer in Sowjetrussland bis zum Beginn des Fünfjahrplanes noch nichts hatte, wo gerade ihm doch zwölf Jahre lang alle Rechte, alle Kredite und alle Hilfsmittel der Regierung zur Verfügung standen, so war das der beste Beweis dafür, dass er selbst die Schuld an seiner Armut trug. Diese Armen waren meist Faulpelze, die nie arbeiten wollten, selbst noch nie die Hand ans Werk gelegt hatten und es auch nicht tun werden. Unter uns Deutschen gab es wenig solcher Armbauern.

Als der Untersuchungsrichter jetzt hörte, der Armbauer habe nur ein Pferd und eine Kuh weniger als ich gehabt, ist er etwas verdutzt und sagt:

„Dann hätte man die dritte Kuh von Ihnen nehmen sollen und jenem geben."

„Das hätten sie ja auch tun können, wenn sie es gewollt hätten."

Ich musste hierbei daran denken, dass man uns ja nicht nur die eine Kuh, sondern alle drei und auch alles andere dazu genommen hatte.

Das Verhör dauerte fast bis an den Morgen. Dann verlas er mir das Protokoll und ich sollte es unterschreiben. Ich wies auf einige Ausdrücke hin, die er anders geschrieben hatte, als ich gesagt hatte. Die Kleinigkeiten änderte er auch, aber den Satz *„Auswandern will er auch noch und will sich die Auswanderung um jeden Preis erzwingen"* änderte er nicht.

„So habe ich nicht gesagt."

„Wie sagten Sie denn?"

„Ich sagte, wenn Sie mir den Pass geben, wolle ich jetzt noch auswandern. Ich sagte aber nicht, dass ich mir die Auswanderung um jeden Preis erzwingen wolle."

„Ja, Sie sagten so. Hier unterschreiben Sie das Protokoll!"

„Nein, ich unterschreibe nicht, eher Sie nicht den Satz geändert haben!"

„Was, Sie wollen nicht unterschreiben? – Wissen Sie denn nicht, wer ich bin und wo Sie sind?"

„Jawohl, das weiß ich."

„Und dann wollen Sie noch nicht unterschreiben?"

„Nein, denn ich habe anders gesagt, als Sie geschrieben haben. Ändern Sie den Satz so, wie ich gesagt habe, dann unterschreibe ich."

„Hier, gleich unterschreiben Sie!"

„Nein, ich unterschreibe nicht!"

„Was, soll ich einen Soldaten rufen? Vergessen Sie denn ganz, wo Sie sind? Wissen Sie denn nicht, dass ich mit Ihnen tun kann, was ich will?"

Er wird immer wütender und drohender. Ich denke schließlich: *Was wirst du dich hier noch lange aufregen? Es bleibt ja am Ende doch alles gleich, denn verloren bist du doch, unterschreibe und du kannst gehen.*

„Nu ladno (Ist schon gut, es ist egal), geben Sie her, ich unterschreibe", sage ich schließlich.

„Mit wem reden Sie hier, dass Sie so geringschätzig ‚ladno' sagen?" und wieder folgt eine wutentbrannte Schimpfrede.

Ich lasse ihn ruhig schimpfen, nehme das Protokoll, setze meinen Namen darunter, um endlich entlassen zu werden. Er ruft die Wache und sagt zu ihr: „Führen Sie mir diesen Molodez (braven Kerl) ab!"

Bald darauf bin ich in meiner Kammer, die anderen schlafen schon alle. Es ist mir, als habe ich es mit einem Dämon zu tun gehabt, so haben mich die verschiedenen Äußerungen erschüttert, die der Tschekist im Laufe des Verhörs gemacht hat. Erst gegen Morgen verfalle ich in einen unruhigen Schlaf.

Nach zwei Tagen ruft man mich wieder zum Verhör. Diesmal ist es aber nur sehr kurz. Man will hauptsächlich wissen, ob ich beim deutschen Konsulat gewesen war. Ich bin wirklich nicht dort gewesen, und zwar aus Furcht vor der GPU. Aber wahrscheinlich glaubt man mir nicht.

„Warten Sie nur, Sie werden uns noch etwas anderes sagen. Wir geben Ihnen noch Zeit zum Besinnen!"

Mit diesen Worten übergibt der Untersuchungsrichter mich wieder der Wache, die mich zurück in meine Zelle führt.

„Mann, wie bist du so schnell wiedergekommen?", fragen meine Leidensgenossen verwundert.

Ich erzähle kurz den Verlauf des Verhörs. Während ich noch erzähle, öffnet sich die Tür, der Aufseher ruft meinen Namen hinein und sagt:

„Sammle deine Sachen!"

Mehr sagt man dem Betreffenden nicht. Er weiß nur, hierher kommt er jetzt nicht mehr, wohin aber, das ist ihm verborgen. Es kann die Freiheit sein, was selten geschieht, oder ein anderes Gefängnis, es kann auch Verbannung oder gar Erschießung bedeuten.

„Sobirajsja s weschami!" (Sammle deine Sachen!) – Wie viel banges Hoffen, aber noch mehr Furcht und Schrecken erregen diese paar Worte in dem Herzen des Gefangenen.

Wie sehnsüchtig wartet man in den Gefängnissen auf diese zwei Worte, denn sie sollen doch die lang ersehnte, goldene Freiheit bringen. Wochen, Monate, ja manchmal Jahre wartet der Gefangene auf diese drei Worte. Und wenn sie ihm endlich zugerufen werden, dann wartet dahinter meistens doch nur die Verbannung oder gar der Tod.

„Sammle deine Sachen!" – Wer von den Bewohnern der GPU-Gefängnisse kennt nicht diese drei Worte!

„Du kommst jetzt in die Freiheit!", meinen meine Leidensgenossen.

„Wenn du frei wirst, gehe doch bitte ins deutsche Konsulat und melde; dass ich hier bin", bittet Brauer.

„Wo denkst du hin? Man würde mich ja augenblicklich wieder verhaften und ich wäre gewiss verloren. Nein, das geht nicht, aber ich werde es mit einer Postkarte mitteilen, vielleicht kommt sie an. Übrigens bin ich sicher, dass es nicht in die Freiheit geht."

„Ja, ja, du kommst frei. Wenn man nur so ein kurzes Verhör hat und dann gleich darauf der Bescheid kommt: ‚Sammle deine Sachen!', geht es meistens in die Freiheit!"

Ach, wie gerne will ich hoffen! Vielleicht wirst du wirklich frei, wage ich zu denken. Aber nein, nein, das kann nicht sein. Der Untersuchungsrichter sagte ja ganz unzweideutig: „Wir werden dich, deine Frau und auch dein Kind verbannen."

„Kommen Sie mit!", erfolgt bald darauf das Kommando der Wache.

Ein kurzer Händedruck von meinen Leidensgenossen, die mir zu meiner Freiheit gratulieren, und ich folge. Wir durchschreiten einen Flur, die Wache öffnet eine Tür und schiebt mich hinein.

Es ist die Sammelkammer und ich weiß, dass es nicht in die Freiheit, sondern in die Butyrki geht. Etwa zehn Mann sind schon drinnen. Immer wieder und wieder öffnet sich die Tür und jedes Mal schiebt man einen Neuen herein.

Jetzt ist es ein junger Mann von etwa dreißig Jahren. Wild schaut er sich um. Und als er sieht, wo er ist, wirft er sich in eine Ecke und bricht in ein lautes Weinen aus. Ich gehe zu ihm und frage, wer er ist. Er ist ein wolgadeutscher Bauer. Heimlich verließ er Frau und Kind, fuhr nach Moskau, um sich in der Deutschen Botschaft zu erkundigen, ob es nicht möglich sei, nach Deutschland auszuwandern. Man lässt ihn die Botschaft betreten, aber als er herauskommt, wird er verhaftet und in der Lubjanka eingesperrt. Eine Woche lang wird er verhört. Dann kommt das berüchtigte: „Sammeln Sie Ihre Sachen!"

„Jetzt wirst du frei!", – sagen seine Zellenbewohner auch zu ihm. Er glaubt es und freut sich, jetzt frei zu werden. Als er aber zu uns in die Sammelkammer geschoben wird, weiß er, dass es anstatt in die Freiheit in die Butyrki geht. Darum liegt er jetzt in der Ecke und weint so herzzerreißend. Er weiß, er wird seine Familie wohl nie wieder sehen.

Ich suche ihn zu trösten. Lange will er sich nicht trösten lassen, endlich aber wird er still, steht auf und weicht nicht von meiner Seite. „Wenn wir in Butyrki doch zusammen in eine Kammer kämmen!", ist sein einziger Wunsch, den er jetzt noch hat.

In Butyrki

Bald kommt der „schwarze Rabe" und befördert uns auf die übliche Weise in die Butyrki. Wir sind 17 Mann, werden wieder registriert und durchsucht. Und dann geht's fort in die Kammern. „Wenn wir doch zusammenbleiben könnten!", wünschen wir zwei Deutsche uns. Man öffnet eine Kammer und steckt neun von uns hinein, öffnet die zweite und schiebt die anderen, darunter auch den Wolgadeutschen und mich, hinein.

Die Kammer ist etwa acht Meter lang und fünf Meter breit. Zu beiden Seiten sind die Lagerplätze eingerichtet. Der Raum hat 24 Klappbettstellen, die jetzt durch darüber gelegte, unbehobelte, ungleich dicke Bretter miteinander verbunden sind. Hier müssen die Gefangenen dicht zusammengedrängt schlafen. Sie bekommen natürlich keine Matratzen, Decken oder Kissen. Wer etwas mitgebracht hat, kann darauf liegen. Aber viele haben nur die Kleider, in denen sie verhaftet wurden. Sie ziehen sich die Oberkleider aus, machen sich daraus ein Lager, unter den Kopf legen sie eine Mütze und mit dem Mantel decken sie sich zu. Es sind aber auch solche unter uns, die nicht einmal einen Mantel haben und nur in den Kleidern schlafen, die sie auf dem Leibe haben.

Die Lagerplätze ziehen sich zu beiden Seiten an den Wänden entlang, in der Mitte ist ein schmaler Durchgang. Alles liegt voll, sogar auf dem Fußboden im Flur liegt einer. Ich gehe zu ihm und erkenne in ihm einen alten Juden, mit dem ich eine Nacht in der Lubjanka zusammen in einer Zelle war. Er kam ein paar Tage früher in die Butyrki und weiß schon Bescheid. Er zeigt uns lose Bretter unter den Lagerplätzen, die ziehen wir hervor, legen sie auf den Zementboden, breiten unsere Kleider darüber aus und legen uns schlafen.

„Prowerka (Kontrolle)!“, hallt es am nächsten Morgen um sieben Uhr durch den großen langen Korridor. Alle Gefangenen erheben sich vom Lager und stellen sich zu zwei auf. Der Kammerälteste zählt uns und stellt sich an die Tür. Als diese sich öffnet, kommt der Kommandant mit einem Aufseher herein.

„Wie viel Gefangene sind in dieser Kammer?“, wendet er sich an den Kammerältesten.

„55, zwei sind im Krankenhaus, zwei im Verhör, 51 hier in der Kammer!“, ist die schlagfertige Antwort.

Schnell gehen sie die Reihen auf und ab und zählen: „Eins, zwei, drei, vier, 25 Paare und eins gibt 51. Richtig.“

Der Kommandant notiert es in der Liste und verlässt die Kammer.

Nach der Zählung lässt man uns alle zugleich in den Abort. Dieser ist in zwei Hälften geteilt. In der ersten ist fließendes Wasser zum Waschen. Blitzschnell bilden sich in beiden Abteilungen vier lange Schlangenreihen.

Dreimal am Tag lässt man uns in den Abort. Für die Zwischenzeit stehen drei große Blechkübel, die sogenannten Paraschen (Latrinen), an der Tür unserer Kammer. Die Gefangenen müssen sie dreimal am Tag im Abort leeren und auswaschen. Gleich bei den „Paraschen“ beginnen die Lagerplätze und der erste auf den Lagerpritschen ist nur einen Meter von dieser Peststätte entfernt.

Wer kein Handtuch zum Trocknen hat, muss die Haut nach dem Waschen von der Luft trocknen lassen, denn die Gefangenen bekommen keine Handtücher. Ich habe aber auch gesehen, wie ein Gefangener sein einziges Handtuch, welches er hatte, teilte und die eine Hälfte dem gab, der keins hatte. Wenn die Menschen zusammen in einem Leidenstiegel liegen, kommen sie einander näher. Sie fühlen sich enger verbunden und helfen einander viel mehr, als wenn sie in der Freiheit sind.

In die Kammer zurückgekehrt, erhalten wir Brot und heißes Wasser. Jeder Gefangene bekommt etwa 250 bis 300 Gramm Brot täglich. Mancher isst es schon gleich zum Frühstück auf. Mittags gibt es eine dünne Suppe mit ein paar Kartoffeln und etwas Fleischabfällen darin. Mir wird heute noch unwohl, wenn ich an die übelriechende Suppe denke. In normalen Verhältnissen könnte man sie auch unmöglich essen, aber wir Gefangene bekamen nichts anderes und mussten tapfer löffeln.

Zu Mittag stellte man draußen vor die Kammertür für je zehn Mann eine große Blechschüssel dieser Suppe. Und sobald sich der Schlüssel im Schloss dreht, laufen die Abgeordneten von jeder Zehnergruppe zur Tür, von den Zurufen ihrer Komplizen begleitet: „Fresst, Schakale!“ Man bringt die Suppe herein. Um jede Schüssel gruppieren sich zehn Mann und löffeln los. Es ist aber nur ein Tisch in der Kammer, um den die zehn Mann stehen können, also eine Gruppe. Die anderen müssen auf den Lagerplätzen essen. Jeder muss seinen eigenen Löffel haben. Wer keinen mitgebracht hat, kann sich im Gefängnisladen einen Holzlöffel kaufen. Wer kein Geld hat, bekommt es aus der Armenkasse.

Nach der Mahlzeit sieht man an jedem Platz, wo die Schüsseln standen, eine zehnstrahlige Sonne aus verschütteter Suppe. Als man einmal auch auf meinem Lagerplatz so eine strahlende Suppensonne gemalt hat, verliere ich ein paar Worte darüber, dass man doch auch anders essen könnte.

„Denkst wohl, du bist zuhause!“, „Der will hier auch noch reinlich sein!“ und ähnliches mehr sauste mir um die Ohren. Schweigend wurde die vergossene Suppe auf die Diele gewischt und ich verlor kein Wort mehr darüber.

Nachmittags gibt es wieder heißes Wasser für den Tee, abends um fünf ein paar Löffel Grütze oder Bohnen und wieder heißes Wasser. Grütze und Bohnen müssen immer wieder zehn Mann aus einer Schüssel löffeln, wie auch mittags.

Vormittags können die Gefangenen eine Viertelstunde draußen im Gefängnishof umhergehen. Dieser ist von haushohen dicken Mauern umgeben. Es ist aber strengstens verboten, mit den Gefangenen der anderen Kammern in Verbindung zu treten. Die Gefangenen in den Kammern dürfen nicht zum Fenster hinausschauen. Wenn jemand dieses Gebot übertritt, wird uns für ein paar Wochen der „Spaziergang" untersagt. Zwei stark bewaffnete Aufseher beobachten uns während der ganzen Zeit.

Die freie Zeit im Gefängnis wird mit Lesen, Spielen und Schlafen ausgefüllt. Zweimal monatlich bekommt der Starosta (Kammerältester) aus der Gefängnisbibliothek für die Gefangenen Bücher zum Lesen. Die Bücher sind meistens gut und noch aus der alten zaristischen Zeit. Ich hatte sogar einmal ein religiöses Buch, in welchem ein amerikanischer Missionar seine Missionsreisen in Afrika beschrieb. Wahrscheinlich hat man bei der Ausscheidung der religiösen Bücher dieses Buch für eine wissenschaftliche Reisebeschreibung gehalten und so ist es geblieben.

Nach der Abendgrütze werden die Gefangenen in der Kammer unruhig und beginnen im Flur auf- und abzugehen. Jeder hat seine eigenen Gedanken, jeder grübelt über sein eigenes Schicksal nach. Wenn man in der Abenddämmerung so die hin- und herwandernden Gefangenen beobachtet, denkt man unwillkürlich an die gefangenen wilden Tiere, die auch stundenlang im Käfig hin- und herwandern. Niemand traut dem Nachbar, denn man ist auch hier im Gefängnis vor der Bespitzelung nicht sicher. In jeder Kammer hat die GPU ihre Spitzel, die nur zum Schein dasselbe Los mit den anderen Gefangenen teilen. Kommt ein Neuling herein, so machen diese Spitzel sich gleich an ihn heran. Und ehe er sich's versieht, hat man alles aus ihm heraus, was man wissen will. In unserer Kammer waren zwei dieser Spitzel. Der eine hieß Wassiljew, aber es mag auch ein falscher Name gewesen sein.

An meinem ersten Tag in der Butyrki kommt er auch gleich zu mir und sucht mich auszuforschen. Er ist mit der deutschen Auswanderungsbewegung gut bekannt, hat lange im inneren Gefängnis der Lubjanka mit führenden Männern dieser Bewegung gesessen und fragt, ob ich sie kenne. Ich frage ihn nach deren Namen. Er sagte, er habe die Namen vergessen; es werde ihm aber wohl noch einfallen und er wird es mir sagen. Kurz darauf machen die anderen Gefangenen mich darauf aufmerksam, dass Wassiljew ein Spitzel ist, damit ich mich vor ihm in Acht nehme.

Das Los solcher Spitzel ist in den meisten Fällen auch nicht beneidenswert. Es sind oft auch Gefangene, man verspricht ihnen die Freiheit, wenn sie eine bestimmte Zeit für die GPU in den Gefängnissen als Spitzel gearbeitet haben. Wenn sie ihren Dienst getan haben und überflüssig geworden sind, verbannt oder erschießt man sie meistens.

Am schrecklichsten sind die langen, qualvollen nächtlichen Verhöre.

In unserer Kammer war ein polnischer Architekt, den einen ganzen Monat lang jede Nacht drei GPU-Männer verhörten. Durch diese Kreuzverhöre mit Erschießungsdrohungen und durch die schlaflosen Nächte hatte man ihn soweit gebracht, dass er alles unterschrieb, was man ihm vorlegte, weil er nicht mehr wusste, was er tat. Dadurch hat er etwa zwanzig Mann ins Unglück gebracht, weil er sie durch seine erzwungene Unterschrift der Spionage für Polen beschuldigt hatte. Ließ man ihn endlich aus diesen langen Verhören in unsere Kammer, so warf er sich auf sein Holzlager, raufte sich die Haare und winselte wie ein Kind:

„Ach, was habe ich getan! Diese Menschen sind alle unschuldig, wie auch ich! Sie haben nichts verbrochen und ich habe sie unschuldig ins Verderben gestürzt!"

Er reichte ein Gesuch ein und widerrief, denn er habe die Aussagen nicht bei vollem Bewusstsein gemacht. Dann nahm man ihn wieder einige Nächte ins Verhör, bis er wieder alles unterschrieb. Er war schon halb irrsinnig.

Alle Gefangenen waren in zwei Gruppen geteilt: in Vermögende und Arme. Zu den ersteren zählten solche Gefangene, die entweder von ihren Angehörigen Lebensmittel bekamen oder eine Geldquittung hatten. Das Geld nämlich, das ein Gefangener bei sich hatte, wurde ihm bei der Einlieferung abgenommen, wogegen er eine Quittung bekam. Er konnte nun im Gefängnisladen Lebensmittel, Brötchen, Konserven usw. kaufen.

Zur zweiten Gruppe zählten diejenigen Gefangenen, die weder eine solche Quittung hatten, noch Lebensmittel von ihren Angehörigen bekamen. Viele hatten ja ihre Angehörigen weit fort. So war z. B. meine Familie 800 km von Moskau entfernt.

Die Gefangenen hatten die schöne Sitte unter sich eingeführt, dass die Vermögenden von allem, was sie bekamen, zehn Prozent in die Armenkasse für die Unvermögenden einzahlten. Diese Kasse wurde von einem Vorsteher verwaltet, den die Armen aus sich heraus gewählt hatten.

Zweimal in der Woche war für unsere Kammer Einkaufstag. Der Starosta (Kammerältester) und sein Gehilfe sammelten dann von den Gefangenen die Bestellzettel und Quittungen. Dann nahmen sie eine Holzkiste und gingen mit dem Vertrauensmann der Armen zum Einkauf. Auch zwei von den Gefangenen durften jedes Mal mitgehen. Wenn sie mit der vollen Kiste zurückkamen, erhielten die Besteller ihre Waren und Quittungen zurück. Auf der Rückseite der Quittungen war das Guthaben und die Einkaufsbeträge des Betreffenden vermerkt.

Hatten die Vermögenden das Ihre erhalten, dann rief der Vertrauensmann der Armen diese heran, zeigte ihnen, was er für das Geld aus der Armenkasse gekauft hatte und beriet mit ihnen, wie man es verteilen sollte. Es war meistens nicht viel, zwei oder drei Brötchen für jeden, aber wir freuten uns königlich über diese Leckerbissen.

Die Armenkasse, der wir diese kleinen Freuden im Gefangenendasein verdankten, war, wie schon erwähnt, keine Angelegenheit der Gefängnisverwaltung, sondern eine Gewohnheit, die einmal von Gefangenen eingeführt worden war. Diese kamen und gingen, aber die schöne Einrichtung blieb und jeder hatte sich zu fügen.

Einmal kam es zu Streitigkeiten. Einige der Vermögenden wollten ihren Beitrag in die Armenkasse nicht geben, sondern erklärten, sie teilten ihre Lebensmittel schon mit ihren Nachbarn. Es kam, wie bei manchen Streitigkeiten, zur Abstimmung. Wir

Unvermögenden durften dabei nicht mitstimmen. Fast einstimmig beschloss man jedoch, die bisherige Sitte beizubehalten und jeder habe sich diesem Beschluss zu fügen.

„Will jemand seinem armen Nachbarn etwas schenken, so ist das seine Privatsache, aber die zehn Prozent hat er vorher an die allgemeine Armenkasse abzugeben“, lautete der Beschluss.

Zweimal monatlich durften die Gefangenen Briefe schreiben. Der Kammerälteste sammelte dann und übergab sie dem Gefängniswärter, der sie dem Untersuchungsrichter brachte. Da blieben sie liegen. Ich schrieb jedes Mal, aber meine Familie hat nicht einen dieser Briefe bekommen.

Ein Gefangener, der schon einen ganzen Winter in der Butyrki gesessen hatte, fragte bei einem Nachtverhör den Untersuchungsrichter, wie es wohl komme, dass er keine Nachricht von seiner Familie bekomme.

„Ich habe alle Ihre Korrespondenz einfach nicht befördert, sondern zu Ihren Akten gelegt, wo sie sorgfaltig eingenäht ist“, lautete die spöttische Antwort.

In der ganzen Zeit meines Aufenthalts in den Moskauer Gefängnissen hat nur einmal einer von uns eine Karte bekommen, die nur einen einfachen Gruß enthielt.

Die Ungewissheit über das Schicksal der zurückgebliebenen Familien ist die größte Folter für die Gefangenen.

Besonders drückend empfanden wir alle unsere Gefangenschaft am Osterabend.

Es ist ein schöner, stiller Frühlingsabend. Ich sitze am Gitterfenster und schaue in die untergehende Sonne. Auf den harten Holzpritschen liegen meine Leidensgenossen, in trübe Gedanken versunken. Einer und der andere summt leise ein Lied vor sich hin. Das laute Singen ist strengstens verboten, aber auch aus diesen leisen Trauermelodien hört man den ganzen, großen Schmerz des zerrissenen russischen Herzens.

Meine Gedanken fliegen durch das starke Gitter zu meinen Lieben. Und die Sehnsucht nach ihnen und nach der goldenen Freiheit presst mir die ersten Tränen aus den Augen. Ein paar große, schwere Tropfen rollen plötzlich langsam über mein Gesicht. Schnell wische ich sie ab, beiße die Zähne zusammen und wende mich fort vom Fenster. Nie bin ich ein Freund von Tränen gewesen und hielt es stets eines Mannes unwürdig, wenn er weinte. Es waren meine ersten und letzten Tränen in der Butyrki.

Ostern kommt und geht. Ostern, das Auferstehungsfest unseres herrlichen Erlösers. Wäre Ostern nicht da, hätten wir nicht die Hoffnung der Auferstehung von den Toten, dann wären wir die Elendesten unter den Elenden, und besonders wir, die wir gerade um dieses Glaubens willen im Kerker schmachten und leiden.

Die ganze Natur draußen und die Freiheit locken so sehr. Die Natur ist so schön, so lieblich, aber wir dürfen nicht hinaus. Gitterfenster, eiserne Türen, dicke, hohe Mauern und stark bewaffnete Wachen halten uns fest. Für uns gibt es kein Entrinnen, keine Rettung, keine Freiheit. Hinter uns ein verlorenes Leben, vor uns Tod und Verderben.

Wohl dem, der in solchen Stunden einen sicheren Halt an dem Auferstandenen hat. Er zagt wohl, aber er verzagt nicht, er zweifelt wohl, aber er verzweifelt nicht, denn die Auferstehungssonne muss immer wieder aufgehen, und auch im finstersten Kellergewölbe erblickt er noch einen fernen Hoffnungsstern, der mit seinem matten, aber zweifellosen Licht in sein Erdendunkel hineinleuchtet und seiner verwundeten Seele wieder neue Kraft und neuen Lebensmut gibt.

In der zweiten Osternacht bekomme ich meinen Platz auf den Holzpritschen an den berüchtigten Paraschen.

„Ich bleibe lieber auf dem Fußboden liegen und trete meinen Platz da ab, bis ich weiter auf den Holzpritschen einen Platz bekomme“, sage ich.

„Da muss ein jeder schlafen. Und wenn du diesen Platz nicht einnimmst, verlierst du dein Recht auf einen besseren Platz und musst auf dem Fußboden liegen bleiben!“, antwortet mir der Gehilfe des Starosta.

Ich presse die Lippen zusammen und gehe auf den Platz. Wenn alle da liegen müssen, will auch ich keine Ausnahme sein. An diesem Platz waschen die Gefangenen stets ihre Wäsche, er ist daher ganz besonders belebt, die Luft an den Paraschen ist fürchterlich. Aber ich habe gute Nerven und schlafe bald ein.

Nachts kamen neue Gefangene, darunter auch zwei Deutsche, die beide ganz plötzlich von ihren Familien gerissen worden waren.

Einer von ihnen ist ein früherer Prediger. Manch segensreiche Stunde habe ich mit diesem Bruder auf den harten Holzpritschen verleben dürfen. Oft unterhielten wir uns in den Dämmerstunden über Gottes Wort. Eine Bibel oder ein Neues Testament hatten wir nicht, riefen uns jedoch die Worte Gottes, die wir auswendig wussten, ins Gedächtnis, unterhielten uns darüber und labten uns daran.

Eines Morgens, als wir aufstanden, waren unter den in der Nacht neu Hereingekommenen zwei russische Brüder. Ihr Bethaus hatte man geschlossen, sie versammelten sich dann zu zwei oder drei Familien in ihren Wohnungen und betrachteten bei einer Tasse Tee Gottes Wort. Die GPU suchte solche geheimen Bibelstunde-Zusammenkünfte auf und verhaftete die Teilnehmer. Diese zwei Brüder hatte man Ostern auch bei solch kleiner Bibelstunde angetroffen und verhaftet.

Am nächsten Tag wurden sie voneinander getrennt, damit sie nicht beisammen seien. So blieb nur der eine von ihnen bei uns. Dieser hatte noch eine Bibel mitgenommen, aber man hatte sie ihm abgenommen. Jetzt waren wir drei, die wir eins im Glauben waren. Leider erkrankte der russische Bruder bald und kam ins Gefängniskrankenhaus. Als er später wieder zu uns in unsere Kammer kam, teilte er stets seine Lebensmittel mit uns, die er von seiner Frau bekam.

Eines Tages kam ein junger Russe zu mir und fragte, ob wir Brüder seien.

„Nein, wir sind keine Brüder.“

„Sind Sie denn nahe Verwandte oder gut Bekannte?“

„Nein, wir sind weder Verwandte noch Bekannte, sondern haben uns hier in dieser Kammer alle drei zum ersten Mal in unserem Leben gesehen.“

„Was, Sie haben sich hier im Gefängnis zum ersten Mal gesehen? Wie kommt es denn, dass Petrow immer seine Lebensmittel mit dir teilt?"

„Ja, wir sind Brüder im Herrn. Und dass ist mehr als leibliche Brüder."

Das kann er nicht verstehen und geht kopfschüttelnd zur Seite. Ich aber denke an die Worte des Heilandes: ***„Wahrlich, ich sage euch: Es ist niemand, so er verlässt Haus und Brüder oder Schwestern oder Vater oder Mutter oder Weib oder Kinder oder Äcker um meinetwillen und um des Evangeliums willen, der nicht hundertfältig empfange: jetzt in dieser Zeit Häuser und Brüder und Schwestern und Mütter und Kinder und Äcker mitten unter Verfolgungen und in der zukünftigen Welt das ewige Leben"*** (Markus 10,29-30).

Es ist Ende April, neun Uhr abends. Die Tür geht auf, ein Tschekist tritt herein, hat einen kleinen Zettel in der Hand und bemüht sich vergebens, einen Namen zu entziffern. Mir kommt es so vor, es muss mein Name sein, und sage ihm vor.

„Richtig, du bist es gemeint. Komm mit zum Untersuchungsrichter!"

„Soll ich meine Sachen mitnehmen?'

„Nein, es ist hier in der Butyrki und dauert nicht lange."

Ich gehe voran, er kommandiert von hinten. Wir durchschreiten verschiedene lange Korridore, gehen einmal über den Hof und landen schließlich in einem öden, unansehnlichen, leeren Zimmer. Es ist niemand da und ich muss Platz nehmen.

Bald darauf erscheint der mir schon bekannte Untersuchungsrichter. Früher war er in Zivilbekleidung, jetzt hat er die Tschekistenuniform an.

„Nun, Gerhard Gerhardowitsch[1], wie geht es Ihnen?", fragt er freundlich.

„Schlecht!"

„Ja? Sie müssen gesetzlich leben, dann wird es besser gehen und Sie brauchen nicht im Gefängnis zu schmachten."

„Ich lebe ja auch gesetzlich."

---

1 Die höfliche Anrede in Russland (Vorname und Vatername)

„Ja, jetzt, wo wir Sie am Kragen halten, wollen Sie gesetzlich leben, aber das hätten Sie schon früher tun sollen. Jetzt ist schon zu spät."

„Ich habe nichts Widerrechtliches getan."

„Wir aber finden das anders. Hören Sie einmal zu!"

Er verliest mir meine Beschuldigung, welche lautet:

„Gerhard Gerhardowitsch Fast, stimmlos, sowjetfeindlich, kam nach Moskau, um auszuwandern. Er blieb im Winter hier wohnen, gründete ein konterrevolutionäres Nest, agitierte unter den Deutschen in ganz Russland für Auswanderung und versorgte diese mit Auswanderungsmaterial. Daher wird er laut § 58 Punkt 10 der Konterrevolution beschuldigt."

Wie vom Blitz getroffen stehe ich da. Dieser Paragraph bedeutet Verbannung von drei bis zehn Jahren oder gar Erschießen, soviel weiß ich schon. Die Beschuldigungen waren völlig aus der Luft gerissen. Ich war wohl in Moskau geblieben, während die anderen alle gewaltsam zurückgeschickt waren, hatte aber dazu Erlaubnis von der Miliz bekommen. Ich verhielt mich den ganzen Winter mäuschenstill, hatte keinerlei Verbindung mit den anderen Deutschen in Russland, außer mit meinen Eltern, denen ich klar und deutlich schrieb, sie sollten sich zur Aussaat bereit machen und säen, denn an eine Auswanderung wäre überhaupt nicht zu denken.

Ich erwiderte auf diese schamlose, völlig unbegründete Beschuldigung, die man mir an den Kopf schleuderte:

„Ich habe nichts von alledem, dessen Sie mich da beschuldigen, getan."

„Wir werden die Sache noch untersuchen und beweisen, dass Sie es getan haben. Finden wir, dass Sie unschuldig sind, lassen wir Sie frei, andernfalls erwartet Sie die Strafe."

Ich Tor glaubte auch jetzt noch immer an Loskommen, denn die Untersuchung würde ja meine Unschuld klarstellen. Dass man mich einfach ohne jegliche weitere Untersuchung verurteilen und verbannen würde, glaubte ich noch nicht.

Ich musste unterschreiben, dass man mir meine Beschuldigung vorgelesen hatte, und wurde wieder zurück in die Kammer geführt.

Ein paar Tage später wurde der wolgadeutsche Bauer gerufen und einer von den beiden später gekommenen Deutschen. Und ich habe nie mehr von ihnen gehört.

Wir waren von der Welt abgeschnitten. Keine Zeitungen, keine Briefe brachten uns Kunde von der Außenwelt. Nur wenn neue Gefangene hereinkamen, bestürmten wir sie mit Fragen nach dem, was draußen vor sich ging.

* * *

Die Gefangenen aus den verschiedenen Kammern durften auch nicht miteinander verkehren. Sie hatten aber verschiedene Verständigungsmittel erfunden.

Ihre Zeitungen waren die Wände am Abort. Stand da ein Name mit drei Kreuzen dabei, so wussten wir, dass derjenige gestorben war.

Eines Tages fanden wir folgenden Vers an der Wand im Abort:

„Und wenn die Welt voll Teufel wär' und wollt uns gar verschlingen, so fürchten wir uns nicht so sehr, es soll uns doch gelingen."

Dieser Vers, den ein Deutscher aus einer anderen Kammer geschrieben hatte, hat uns sehr erquickt. Ich schrieb etwas dazu und setzte meinen Namen darunter. Das nächste Mal fand ich die Frage: „Sind Sie der Fast aus Lubjanka Nr. 14, Zelle 12? Brauer."

Darauf antwortete ich wieder, dass ich es sei, und wir hatten die Verbindung hergestellt. Aber nicht immer konnten wir die Aufschriften an der Wand entziffern. Die Gefängniswärter sollten die Beschriftungen nach jedem Besuch des Aborts vernichten, waren aber wahrscheinlich dazu zu faul und taten es nicht immer.

Andere schrieben kleine Zettel und versteckten sie im Abort. Die Dritten unterhielten sich mit ihren Bekannten aus anderen Kammern durch Fingersprache.

Dem Abort gegenüber stand der älteste Turm der Butyrki mit den schrecklichen Einzelzellen. In diesem Turm hatte Stenjka Rasin, ein großer Aufruhranführer im Jahre 1668 vor seiner Hinrichtung gesessen. Jeden Abend, wenn wir im Abort waren, erschien am Fenster einer Zelle dieses Turmes eine Frau und unterhielt sich eifrig mit einem Tataren aus unserer Kammer mittels der Fingersprache.

In unserer Kammer waren zwei Tataren. Sie hatten einer geheimen konterrevolutionären tatarischen Organisation angehört und saßen schon elf Monate im Gefängnis. Sie hatten sich von den Bolschewiken losschlagen und ein selbständiges Tatarenreich aufrichten wollen. Die Verschwörung wurde entdeckt und tausend Mann verhaftet. Es waren fast ausschließlich Kommunisten.

Eines Tages fiel während des Spaziergangs plötzlich aus dem eines Fensters ein kleiner Ball unter uns. Unauffällig hob der Nächste ihn auf. Es war eine kleine Kugel aus Teig oder Brotkrümelchen. Man machte ihn auf und fand einen kleinen Zettel darin, der dem Adressaten überreicht wurde. Der Teig war aus frischen Brotkrümelchen hergestellt. Diese benutzten die gefangenen zu verschiedenen Zwecken. So hatte man aus diesen Brosamen ein ganzes Schachspiel sehr kunstvoll geklebt und die Figuren schwarz und weiß bemalt.

Dann fütterte man auf dem Fenstersims Tauben und machte sie so zahm, dass sie sich mit den Händen nehmen ließen. Anfänglich wusste ich nicht, warum einige Gefangene sich soviel Mühe mit diesen Tauben machten. Später erfuhr ich, dass man sie als Brieftauben benutzte.

Ich kann hier nicht alle Verständigungsmittel, deren sich die Gefangenen bedienten, erwähnen, nur an eins will ich noch erinnern, welches Wladimir Brunowskij, der auch über vier Jahre in Lubjanka und Butyrki gesessen hat, in seinem Buch „In Sowjetkerkern" erzählt.

Als er eines Tages zu dem Arzt kommt, redet er dort eine Schwester als alte Bekannte an, eilt auf sie zu, und ehe sie sich versieht, hat er ihr einen Kuss gegeben. Dabei schiebt er ihr einen kleinen zusammengeballten Zettel mit der Zunge in den Mund. Die Dame versteht den Kuss und hat den Zettel befördert. Brunowskij wird wohl ausgeschimpft, dass er sich erlaubt, eine Dame in der Butyrki zu küssen, aber was macht's, der Kuss ist gegeben und der Zweck erreicht.

Selbstverständlich suchte die GPU auf alle nur mögliche Art und Weise die geheimen Verbindungen der Gefangenen zu entdecken und zu verhindern, aber diese kämpften einen Kampf um Tod und Leben, das macht erfinderisch und schärft den Verstand.

Es ist Mitte Mai. Ein schöner, warmer Frühlingstag lockt in die Freiheit. Je schöner draußen die Natur ist, desto weher wird's dem Gefangenen hinter seinen dicken dumpfen Gefängnismauern.

Nachmittags lege ich mich zu einem Mittagsschläfchen nieder. Ich mag vielleicht eine Stunde geschlafen haben, da höre ich plötzlich meinen Namen rufen. Als ich aufschaue, sehe ich die Gefängnistür weit offen und den Gefängnisvorsteher in der Tür stehen. Er hält zwei kleine Zettel in der Hand und ruft laut: „Fast, Gerhard!"

Schnell springe ich auf, schlüpfe in die bereitstehenden Gummischuhe und eile zur Tür. „Urteil! Urteil!", schreien meine Kameraden.

Alles drängt sich zur Tür und wird mäuschenstill, denn man weiß, es soll ein Urteil verlesen werden.

„Sind Sie Gerhard Fast?", fragt der Gefängnisvorsteher.

„Jawohl."

Mit lauter Stimme verliest er dann mein Urteil: „Gerhard Fast wird vom Kollegium der GPU wegen konterrevolutionärer Tätigkeit zu fünf Jahren Verbannung in ein Konzentrationslager verurteilt."

Ich muss unterschreiben, dass mir das Urteil mitgeteilt worden ist. Dann verliest er noch ein Urteil, welches auf zehn Jahre Konzentrationslager lautet und einem alten, grauen Postmeister gilt, der über fünfundzwanzig Jahre im Amt gewesen ist.

Schnell borge ich mir von einem neben mir stehenden Leidensgenossen Stift und Papier und schreibe mir Nummer und Datum meines Urteilsspruches auf. Dieses Papier habe ich noch. Meine Strafzeit zählte vom Tag meiner Verhaftung. Das war gerade mein Geburtstag, den ich in der heißen Kammer zubringen musste.

Die Tür fällt ins Schloss und wir können über unser Schicksal nachdenken. Ich gehe mit starken Schritten in der Kammer auf und ab. Die anderen sind noch alle still oder unterhalten sich leise über das furchtbare Schicksal, welches uns getroffen hat.

Fünf Jahre Verbannung in ein Konzentrationslager! Ein grausames Urteil. Aber nein, ich kann, ich werde nicht fünf Jahre im Konzentrationslager zubringen. Unmöglich! Welcher Wahnsinn beseelt die Menschen, dass sie mein ganzes Leben in den besten Jahren mit einem Federstrich vernichten!

Der polnische Architekt, den die GPU durch die langen nächtlichen Verhöre an den Rand des Wahnsinns gebracht hat, sitzt mit meinem Freund, dem ehemaligen deutschen Prediger, auf der Holzpritsche und unterhält sich mit ihm über mein Urteil. Ich trete zu ihnen.

„Ach, wie schrecklich, wie grausam ist doch Ihr Urteil!", sagt der Architekt mitleidsvoll.

Ich antworte ihm darauf: „Alles steht in Gottes Hand, und ich auch. Es ist noch nicht bestimmt, dass ich fünf Jahre sitzen werde, denn Gott kann mich auch vor der Zeit befreien."

Verwundert sieht er mich an.

„Wie denn? – Das Urteil ist doch schon gefällt, wie können Sie da noch hoffen?"

„Alles liegt in Gottes Hand. Wenn Er will, kann Er mich befreien, auch trotz GPU, denn Er ist mächtiger. Und auch dieser kann und darf nur das tun, was Gott zulässt."

Das ist ihm ganz unbegreiflich. Als ich an meinem letzten Tag im Gefängnis wieder über sein Seelenheil mit ihm spreche, sagt er:

„Bei euch ist alles so schön. Ihr habt einen herrlichen Glauben. Wie wird es aber werden, wenn ihr drei nicht mehr hier sein werdet? Dann muss ich verzweifeln, denn die anderen sind alle so kalt und lieblos."

Wir drei sprachen oft über sein Seelenheil, aber er schien es nicht zu begreifen. Seine Frau und sein Kind waren sein Abgott. Und dass er sie jetzt verlieren sollte, brachte ihn zur Verzweiflung.

„Ach, meine Frau! Ach, mein lieber kleiner Junge! Nie mehr werde ich dein liebes, holdes Antlitz sehen!", schrie er verzweifelnd, griff sich nach dem Kopf, warf sich auf sein Lager und weinte wie ein Kind. Mit seinem Klagen und Winseln zeigte er so recht die trostlose Lage eines Menschen ohne inneren Halt, ohne Glauben, ohne Gott, wenn ihm sein Liebstes genommen wird.

Aber auch ich konnte die erste Nacht nach der Verlesung des Urteils nicht schlafen. Immer wieder und wieder, wenn ich kaum eingeschlafen war, fuhr ich erschreckt aus meinem unruhigen Schlaf empor.

Fünf Jahre! Fünf Jahre fort von Frau und Kind! Fünf Jahre Verbannung! Fünf lange Jahre meine Lieben nicht wiederzusehen! O Gott, warum, warum?

Fünf Jahre! Welch ein Wahnsinn, mit einem Federstrich das Leben von drei glücklichen Menschen zu vernichten, denn fünf Jahre Konzentrationslager ist ja der Tod, der langsame, qualvolle Tod. Und meine Frau, und mein Kind! Wovon werden sie leben? Sie hatten doch höchstens noch ein paar Monate zu leben, und dann müssen sie verhungern. Nein, das können keine Menschen mehr sein, die planmäßig mit kaltem Herzen auf diese Art das Leben von Millionen Menschen vernichten. Hätte man uns doch lieber alle drei vor Moskau erschossen! Ein Schuss, ein Knall, und alles wäre vorüber gewesen. Aber jetzt – fünf Jahre! – Nein, nein, unmöglich! So grausam kann niemand sein, es ist ein Traum. Aber nein, ich weiß es doch ganz bestimmt und klar, er las doch: Fünf Jahre. Welche Wüteriche, welche Tyrannen!

Ich richte mich jäh auf meinem Holzlager empor. Spärlich beleuchtet eine Lampe die schlafenden Gefangenen. Jener alte Postmeister wälzt sich auch unruhig hin und her. Er hat mehr Jahre als ich bekommen. Jedoch bleibt es sich denn nicht gleich, ob fünf oder zehn Jahre?

Ach, wie empört sich alles in mir über diese unerhörte Grausamkeit! Wenn ich und all die anderen dann wenigstens noch etwas verschuldet hätten, aber wir sind unschuldig. Wir haben nichts getan, nur still unser täglich Brot im Schweiße des Angesichts verdient, und jetzt sind wir dafür zum Tode verurteilt.

Ich möchte aufspringen, es laut in die dunkle Nacht hinausschreien, was meine volle Brust zerreißt, möchte sie zermalmen, zerfleischen, diese Vernichter! Die dicken Mauern, die schwarzen

Gitterfenster blicken mich teilnahmslos an. Und draußen hallen die schweren Schritte der Wächter im langen Korridor wieder. Es ist, als verhöhnten sie meine Wut, denn was vermag ich gegen diese dicken Mauern, diese Gitter und klirrenden Säbel der Tschekisten auszurichten, ich armer, verurteilter Gefangener!

Matt und ohnmächtig sinke ich zurück auf mein Lager. Neben mir schläft mein Leidensgenosse, der deutsche Prediger, den Kopf auf seiner Pelzmütze, in welche er ein paar Bücher gelegt hat, damit es etwas höher ist. Rock und Hosen sind seine Matratze, mit dem Mantel hat er sich zugedeckt. So hat man ihn verhaftet, so muss er auch schlafen. Ich habe wenigstens noch ein Kissen und eine dünne Decke auf den Rat des Tschekisten, der mich verhaftete, mitgenommen. Uns gegenüber auf dem anderen Lager weint und jammert der Pole. Auch er findet keinen Schlaf, denn er weiß ja, auch er wird seine Lieben nie mehr wieder sehen. Armer Pole! Hättest du doch wenigstens einen Halt an Gott!

Die Not anderer lässt mich meine eigene für einen Augenblick vergessen und ich falle wieder in einen unruhigen Schlaf, bis ich im Morgengrauen wieder erschreckt auffahre mit dem entsetzlichen Gedanken: *Fünf Jahre!*

Am nächsten Tag, einem Samstag, finde ich Ruhe in Gott und kann stille werden im Herrn. Er ist's, der es uns auflegt, Er ist's, Der es uns auch tragen hilft.

Sonntagnachmittag ruft man den Prediger heraus und verliest auch ihm seine Anklage:

„Agitation laut Paragraph 58, Punkt 10."

Die Verbannung

Es sind vier Tage seit dem Urteil vergangen.

„Heute werde ich verbannt", sage ich meinem Leidensgenossen Funk, als wir auf dem Gefängnishof unseren Spaziergang machen.

„Wie weißt du das so genau?

„Ich weiß es nicht bestimmt, aber heute ist Dienstag, der Verbannungstag, und ich habe eine starke Ahnung, dass ich heute mitgehe. Es ist wohl das letzte Mal, dass ich mit euch hier umhergehe."

Ich bin innerlich ganz ruhig. Die eine Nacht war schwer, sehr schwer, jetzt habe ich es überstanden. Ich fürchte mich nicht vor der Verbannung. Ich weiß, heute kommt sie, aber sie hat den Stachel für mich verloren. Wie Gott will, ich sehe den kommenden Dingen ruhig ins Auge. Meine Wege, mein Leben sind in Seiner Hand. Und mehr, als Er zulässt, kann mir nicht passieren, denke ich, und das gibt mir Trost und Kraft.

Heute ist gerade Ladentag. Ich gehe noch mit in den Laden, um mir etwas für die Reise zu kaufen, bekomme aber nur zwei Nadeln.

Es ist kurz vor dem Mittagessen. Etwa drei Mann sind nur in der Kammer, die anderen sind alle im Abort. Da öffnet sich die Tür, der Aufseher tritt herein und verliest meinen Namen. Ich melde mich.

„Sammle deine Sachen!" Dann geht er ab.

„Fast, meine Familie ist in Deutschland!", schreit Brauer durchs Guckloch in meine Kammer.

„Und ich werde heute auf fünf Jahre verbannt!", schreie ich zurück.

Er hört es nicht, denn er ist schon verschwunden. Er wurde gerade an unserer Kammer vorbeigeführt und eilte schnell voraus, um mir die freudige Nachricht von der Rettung seiner Familie zuzurufen.

Der alte Jude, mit dem ich in der Lubjanka zusammen war und den ich auch hier in der ersten Nacht traf, gibt mir kalten Tee und ein paar Zuckerbonbons und ich trinke und esse schnell noch ein wenig.

Nun kommen auch die anderen Gefangenen wieder in die Kammer und sie drücken mir noch alle zum Abschied warm die Hand. Besonders herzlich ist der Abschied von den zwei Brüdern. Der russische Bruder steckt mir noch einen Fisch und zwei Brötchen in die Tasche, die er von seiner Frau bekommen hat.

Die Tür öffnet sich.

„Fast, bist du bereit?"

„Ja!"

Schweigend reiche ich den neben mir stehenden Brüdern die Hand.

„Auf Wiedersehen, Bruder Fast, wenn nicht hier, dann droben im Licht!", sagen sie.

Ich nehme meine Decke und Kissen unter den Arm, denn das ist alles, was ich habe. Ein letzter Händedruck, ein letztes Winken – und hinter mir schließt sich die Gefängnistür für immer. Manchmal haben der deutsche Prediger und ich uns gefragt:

„Wann kommt die Stunde, dass auch wir zum letzten Mal durch die Tür gehen werden?"

Jetzt ist sie für mich da, wenn auch ganz anders, als ich es mir vorgestellt und gewünscht habe. Es kommt ja in unserem Leben oft so ganz anders, als wir es uns vorstellen. Und so war es auch diesmal.

Wann kommt die Stunde? Wie oft und von wie viel Menschen wird diese Frage im Leben ausgerufen? Sei getrost, armes Menschenherz, einmal kommt die Stunde gewiss, nach der du dich gesehnt, auf die du gewartet, wenn vielleicht auch ganz anders, als du es erwartet und gewünscht hast. Aber sie kommt, vertraue auf Ihn, den Lenker deiner Geschicke, deiner Wege. Dann kommt sie sicher zu deinem Heil, auch wenn du es dir so ganz anders gedacht hast. Er verdirbt nichts, Er weiß, was Er tut. Ja, einmal kommt sie, die Stunde, wo du auf all deine Fragen, auf all dein „Warum?“ ein seliges „Darum!“ bekommst.

Meine Zeit, meine Stunde, wo sich die dicke eiserne Gefängnistür für mich zum letzten Mal öffnete und schloss, war gekommen. Zwar war mein Weg anders, als ich bei diesem „Warum?“ immer gedacht hatte, und ich wusste nicht warum, aber heute weiß ich es; denn wäre dieser Weg nicht gekommen, so säße ich jetzt nicht in Deutschland, so wäre ich nicht in der Freiheit. Jetzt weiß ich es, damals aber lag es noch vor meinen Augen verborgen und nur eine dunkle, schaurige Nacht und ein schrecklicher Abgrund taten sich vor mir auf. Nicht alle Fragen werden so klar und verständlich schon hier beantwortet, aber einst in der Ewigkeit wird uns alles klar und verständlich sein, warum wir gerade diesen und nicht den anderen Weg gehen mussten. Hier aber liegt es noch verborgen vor unseren Augen und wir fragen mit bangem Seufzen: „Herr, warum?“ Sei ruhig, sei getrost, armes Menschenherz, auch dir kommt einst das göttliche „Darum!“ und dann wirst du Ihm noch danken für das dunkle, schauerliche „Warum?“.

Im Korridor muss ich warten, denn man bringt noch Gefangene aus anderen Zellen. Dann führt man uns in den unteren Stock in die Sammelkammer. Unsere Kammer Nr. 79 war im vierten Stock, in welchem auch Brauers Kammer war. Wir schreiten an seiner Tür vorbei. Wie gerne möchte ich ihm noch ein letztes Lebewohl durchs Guckloch zurufen, aber es geht nicht, der Tschekist ist zu nahe.

In der Sammelkammer sind schon viele Gefangene mit ihrem armseligen Gepäck und es kommen noch immer mehr und mehr, bis die Zahl auf 83 steigt. Auch ein paar Frauen sind darunter. Einer hat nur eine Hose an, sonst ist er ganz nackt, hat nicht einmal ein Hemd und so soll er jetzt in den kalten Norden in die Verbannung. Wir Gefangene legen zusammen, dass er wenigstens noch ein russisches Oberhemd bekommt, denn die GPU kümmert sich ja nicht um die Menschen, auch wenn sie keine Kleider auf dem Leib haben. Niemand von uns weiß, wohin es gehen soll, denn das ist uns noch nicht bekannt gemacht worden.

Durch ein kleines Fenster bekommen wir unser Geld und unsere Sachen, die man uns bei der Einlieferung genommen hat. Dann ruft man uns einzeln auf.

„Gerhard Fast."

Ich trete näher. Der Tschekist vergleicht mich mit dem vor ihm liegenden Foto, das zu meinen Begleitpapieren gelegt worden ist.

„Wie sind Sie verurteilt?"

„Fünf Jahre Konzentrationslager."

„Stimmt. Wohin?"

„Das weiß ich nicht."

„Nach Archangelsk. – Hier, unterschreiben Sie."

Ich unterschreibe. Dann kommt der Nächste dran, bis alle 83 Personen durch sind. Jetzt weiß jeder, wohin er verbannt wird.

„Wer kommt ins Konzentrationslager?", geht ein junger Mann fragend durch die Menge. „Ich", antworte ich, worauf er sich vorstellt:

Er ist ein Kommsomolez (Jungkommunist), von Beruf Architekt. Vor einem Jahr war er nach Frankreich abkommandiert. Als er zurückkam, beschuldigte man ihn der Spionage, man verhaftete ihn und jetzt wird er für drei Jahre in ein Konzentrationslager verbannt. Er sucht jetzt die heraus, die in ein Konzentrationslager müssen. Es sind neun von 83, die Anderen sind zu freier Verbannung verurteilt.

Es gibt zwei Arten der Verbannung: die so genannte freie Verbannung und das Konzentrationslager. Das erste besteht darin, dass man den zu Verbannenden in irgendeinen Kreis des Nordens bringt, wo er bleiben muss und den Ort nicht verlassen darf. Er hat aber nichts zum Leben, da man ihn vorher ganz ausgeplündert hat, wenn er noch etwas hatte. So ist er auf die GPU angewiesen. Die schickt ihn in den Urwald zum Holzfällen. Wenn der Betreffende seine Strafzeit abgesessen, oder richtiger abgearbeitet hat, kommt er nur selten frei, er wird meistens an einen anderen Ort des Nordens oder nach Sibirien verbannt. Nach Hause, zurück in die Heimat, lässt man selten jemand.

Also auch all die so genannten Freiverbannten müssen unsäglich schwer arbeiten, um wenigstens etwas Lebensmittel zu bekommen. Sie wohnen mit ihren Familien, wenn diese bei ihnen sind, in geschlossenen Kirchen, alten Klöstern oder selbstgebauten Holzbaracken.

Die kleinen Kinder sterben meistens schon in der ersten Zeit infolge von Hunger, Schmutz, Ungeziefer und ansteckenden Krankheiten. Wer irgendwie kann, muss auf Arbeit gehen, auch alle alten Frauen und Männer. So schleppen sie sich mühsam von Tag zu Tag unter der schweren Last des Blutholzes, bis sie buchstäblich unter ihr zusammenbrechen und sterben.

Die zweite und schärfste Art der Verbannung ist das Konzentrationslager, welches wir bald zur Genüge kennen lernen sollten.

Noch einmal gibt man uns Mittagessen, die übliche, widerliche Suppe. Dann werden wir wieder einmal untersucht und in eine andere Kammer gesteckt, wo wir dicht zusammengedrängt stehen. Ich kaufe mir von einem meiner Leidensgenossen eine Postkarte und berichte meiner Familie kurz, wo ich bin und dass ich jetzt für fünf Jahre nach Archangelsk in ein Konzentrationslager verbannt werde.

Wie aber die Postkarte abgeben, damit sie auch durchkommt? All unsere Korrespondenz wird ja von der GPU genommen und einfach nicht abgeschickt. Ich muss also einen Weg ausfindig machen. Ich stecke die Karte ein, um eine gute Gelegenheit abzuwarten. Endlich werden wir zu je fünf herausgerufen und in den „schwarzen Raben“ gesteckt. Alle 83 Mann müssen in zwei solchen Autos, die durchaus nicht groß sind, herein. Obwohl wir dicht zusammengedrängt stehen, können wir doch nicht alle hinein. Da stoßen die Tschekisten uns mit den Knien zusammen, bis wir alle drinnen sind. Als das eine Auto gefüllt ist, ist man zur Abfahrt noch lange nicht bereit, weil das zweite noch nicht da ist. Die Luft wird so dicht, dass man fast erstickt. „Wir ersticken, macht die Tür auf", schreien die Hintersten.

„Nur ruhig, kommst noch schnell genug in die Verbannung, wo du noch ganz anderes erleben wirst", – antwortet der Tschekist in aller Seelenruhe.

Immer lauter und verzweifelter schreien die Halberstickten.

„Was ist los!", fragt ein vorübergehender höherer Tschekistenbeamter.

„Denen dauert das zu lange, und die Luft wird ihnen alle."

„Dann lass die Hälfte doch heraus, bis das zweite Auto da ist, damit sie nicht noch ersticken."

Er öffnet die Tür und lässt die Hälfte heraus. So bekommen die anderen wieder Luft. Wir müssen uns abseits an der Wand niedersetzen. Der eine hat noch etwas Mitleid mit uns armen Gefangenen, er möchte doch nicht, dass die armen Kerle hier so, ohne Nutzen gebracht zu haben, ersticken. Nein, erst sollen sie noch etwas Holz tragen, etwas die Unkosten, die man bisher durch sie gehabt hat, decken, darum erbarmt sich sein Tschekistenherz auch ihrer und rettet sie vom Erstickungstod.

Es kommt der andere „schwarze Raben" und wird gefüllt. Darauf müssen auch wir wiederum in unseren „Raben", werden wieder gestoßen und gepresst, bis wir alle drinnen sind. Drei „schwarze Raben", der dritte mit unserem Gepäck, setzen sich in Bewegung nach dem nördlichen Bahnhof.

Die Fahrt geht nur langsam, aber endlich kommen wir doch ans Ziel. Wieder öffnet man nicht die Tür, denn man ist aus irgendeinem Grund noch nicht fertig. Während der Fahrt ging es mit der Luft, jetzt aber beim Stehen wird sie immer dicker und schlechter. Ich stehe ganz vorne an der Gittertür, wo die Luft nicht so schlecht ist, aber von hinten schreit man immer lauter, immer ängstlicher nach Luft, jedoch vergebens. Ein paar Männer fallen in Ohnmacht. Jetzt erst erbarmt man sich unser, lässt uns hinaus und schleppt die Ohnmächtigen an die Tür, wo sie wieder zu sich kommen.

Wir werden in Reihen zu vier Personen aufgestellt und dann geht's unter scharfer Bewachung mit gezogenen Säbeln auf den Bahnsteig. Im Sturmschritt geht's am Publikum auf dem Bahnsteig vorbei. Ich verspüre große Lust, mich unter das Publikum zu stürzen und meine Flucht zu versuchen. Eine Frau kommt auf uns zu und versucht, jemand aus unseren Reihen etwas zu überreichen. Wie die Dämonen stürzen die Aufseher auf sie zu. „Schlag sie nieder!", – schreit der eine. Erschocken fährt die Frau zurück. Vielleicht wollte sie einen letzten Gruß ihrem Mann mit in die Verbannung geben, es wird ihr nicht gestattet. Nur von ferne darf sie seinen letzten Gang beobachten. Kein Abschiedskuss, kein Händedruck von ihren Familienangehörigen wird den Gefangenen erlaubt.

Alle 83 Personen werden in einen kleinen Arrestantenwagen mit Gittern vor Fenstern und Türen gesteckt. Vor dem Wagen schreiten die Tschekisten mit schussbereitem Gewehr auf dem Bahnsteig auf und ab, um das Publikum abzuhalten. Ich suche vergebens nach einer Gelegenheit, meine Postkarte abzugeben, denn die auf- und abgehende Wache passt gut auf.

Endlich setzt der Zug sich in Bewegung, es ist elf Uhr abends. Die Aufseher springen auf, um uns zu begleiten. Schnell drehe ich meine Postkarte wie eine Zigarette zusammen und werfe sie unter die Zuschauer. Eine Frau hebt sie auf und rollt sie auseinander. Also gelungen, sie wird in den Briefkasten geworfen, denke ich. Diese Postkarte hat meine Frau auch bekommen.

Wir haben noch Glück, denn unser Wagen ist an einen Passagierzug gekoppelt. Immer stärker und stärker geht die Fahrt und bald rasen wir wie im Flug dahin.

Ich stehe am Fenster und schaue hinaus. Da kommen Lossinoostrowsk, Loss, Perlowka, Tanninka, Mytischtschi, Tarasowka, Kljasma und Puschkino, alles Ortschaften, wo sich vor einigen Monaten so manches deutsche Familiendrama abgespielt hat.

Dort, nicht weit von der Bahnlinie, liegt ein dunkler Fichten- und Tannenwald. Es ist Dshamgarowka mit seinen Villen. Dort hinten im Düstern liegt das Haus, in dem wir die letzten drei Monate verlebten. Ich denke an die Zeit, als wir vor einem halben

Jahr nach Moskau kamen. Ich denke daran, wie unser Junge sich mit glühenden Wangen, mit blutigen, von der Hitze zerrissenen Lippen im Scharlachfiber unruhig hin und her wälzte. Wie meine Frau und ich an seinem Lager knieten und Gott um sein Leben flehten, wie wir ihn dann nach Mytischtschi ins Krankenhaus brachten, wo ich wochenlang nicht von seinem Lager wich. Wie du, liebe Lisa, uns da jeden Tag besuchtest und eines Morgens mit blassen Lippen und mit angsterfüllten Augen fragtest: „Bist du noch da? Gott sei Dank! Diese Nacht hat man fast in jeder deutschen Familie jemand verhaftet. Auch nach dir fragten sie. Ich befürchtete, man würde dich aus dem Krankenhaus geholt haben." Dann kam sie am nächsten Morgen wieder mit der Botschaft: „Diese Nacht waren sie wieder da, dich zu holen, und schrieben sich auch deine Adresse auf."

Jeden Morgen brachte sie neue Hiobsbotschaften, bis auch sie eines Tages nicht mehr kam. Des Nachts hat man sie verhaftet, zur Bahn gebracht und in Viehwagen mit vielen anderen zurück in die Heimat geschickt.

Ich blieb mit meinem todkranken Jungen allein zurück. Man wollte Moskau von den Deutschen säubern, so fing man bei Moskau an, um in einer Nacht alle zurück in ihre zerstörte Heimat zu schicken. Die meisten Männer schmachteten schon im Gefängnis und die Frauen mit ihren Kindern hat man dann später auch verbannt.

Ich bin allein übrig geblieben, dachte ich. Wie erstaunt war ich aber, als ich erfuhr, dass weiter von Moskau noch viele Tausende deutsche Familien waren. Bis Kljasma hatte man die Vororte Moskaus von den Deutschen gesäubert, aber hier waren noch viele geblieben. Diese bekamen jetzt die Erlaubnis, nach Deutschland zu fahren. Ich sah ein paar Tage später noch die frohen Gesichter dieser Glücklichen. Aber wir mussten hier bleiben, wir durften nicht fahren, weil wir auseinander gerissen waren und unser Junge an Scharlach krank im Krankenhaus lag.

Dann wurde es still in Moskau. Als etwa 5.000 Deutsche nach Deutschland fort waren, schickte man den Rest auch noch zurück ins Innere Russlands und es blieben nur noch ein paar Familien in Moskau, die durch Krankheit zurückgehalten wurden.

Dann kam Weihnachten und brachte uns ein kurzes Telegramm. Es war an den kranken Jungen gerichtet und lautete kurz: „Ich komme. Deine Mutter!" Ach, wie sprang er da vor Freude, da seine Mutter nun wieder kommen würde! Er war schon fast gesund und sollte bald aus dem Krankenhaus entlassen werden.

Ein paar Tage später hing er weinend am Hals seiner Mutter. Am Abend des nächsten Tages schlichen wir uns langsam und leise durch den tiefen Schnee nach unserer alten Wohnung. Wir hatten von der Miliz die Erlaubnis bekommen, bei Moskau zu bleiben, bis unser Junge ganz hergestellt werde, denn wir mussten noch ein paar Mal in der Woche zur Controlle ins Krankenhaus.

In aller Zurückgezogenheit und still wohnten wir noch drei Monate dort. Nicht eine Nacht legten wir uns ruhig hin. Wir sahen, wie jeden Tag zwei lange Züge mit Verbannten bei uns vorbeizogen. Jeder Zug hatte 40-50 Verbannte: Frauen, Kinder, Greise, alles durcheinander. So ging es zwei Monate lang jeden Tag.

Dann kam jener letzte Abend, an dem man auch mich verhaftete.

„Papa, wann kommst du wieder?", schrie mein Sohn weinend und händeringend, als man mich entführte.

„Sei ruhig, mein Junge, in zwei Tagen bin ich wieder da."

Im Geiste sehe ich meine liebe Frau im Mondschein unter jenen hohen Fichten mir nachschauen, als die Tschekisten mich entführen.

Wo seid ihr jetzt, meine Lieben? – Wartet ihr noch immer auf meine Rückkehr? – Wie oft wirst du, meine treue Frau, dort unter jenen Tannen und Fichten gestanden und auf mich gewartet haben! Wann werden wir uns wieder sehen? – Ich muss jetzt fort in den hohen Norden. Hinter Schloss und Riegel bringt man mich nach Archangelsk, wo ich für fünf Jahre in ein Konzentrationslager eingeschlossen werde. Fünf Jahre. Wir werden uns nicht mehr wiedersehen, meine Lieben. Die fünf Jahre halte ich nicht durch.

Und auch ihr, meine Lieben, seid längst verhungert und tot in fünf Jahren. Ach, Gott, warum, warum?

Ich kann mich nicht mehr beherrschen. Krampfhaft fasse ich das Gitter am Fenster und ein heißer Tränenstrom löst mir endlich die beklommene Brust. Ich hebe meine nassen Augen auf gen Himmel. Dort oben scheinen still und friedlich die Sterne. Ihr zitterndes Licht erinnert mich an Den, Der über ihnen thront, Der die Geschicke der Menschen in seinen Händen hält, Der auch mich und die Meinen sieht und auch unseren Lebenslauf lenkt.

„Du Allmächtiger, der Du unsere Wege kennst, der Du uns siehst, auch mich hier hinter Schloss und Riegel, Du weißt, was Du tust, Du kannst auch mich noch vor Ablauf der fünf Jahre aus den Händen meine Peiniger befreien, wenn Du es willst. Wenn nicht, dann – dann geschehe Dein unerforschlicher, aber heiliger Wille!"

Lange noch stehe ich am Fenster, aber die Tränen hören auf, ich bin getröstet, werde ruhiger und dann still.

Ja, damals in der ersten Nacht, welche wir in Moskau auf der Station verbrachten, hatte ich solche schwarze Ahnungen, aber dass ich auf solche Art und Weise Moskau würde verlassen müssen, habe ich doch nicht gedacht. Lange noch stehe ich am Gitterfenster und schaue hinaus in die dunkle Nacht hinauf zu den leuchtenden Sternen. Dann werde ich müde, setze mich hin und schlummere für einen Augenblick ein.

So vergeht die erste Nacht auf der Reise in die Verbannung. Es ist eine schwere, dunkle Nacht, aber am Morgen geht die Sonne auf und bringt auch wieder mehr Hoffnung und Leben in die verwundete Seele.

Am Tage stehe ich fast den ganzen Tag am Fenster und schaue hinaus. Erstens ist es am Fenster viel kühler, weil frische Luft durch das offene Fenster strömt, und zweitens kann man in die frischgrünende Natur, in die schöne Freiheit sehen. Im Wagen ist es heiß und schwül. Zu Mittag bekommen wir einen Salzfisch. Außerdem gibt es etwa 250 Gramm Brot für jeden täglich. Die Brote hat man einfach auf der Erde ohne jegliche Umhüllung am Abort aufgestapelt. Ich habe auch Hunger aber esse meinen Salzfisch nicht, denn ich weiß, er wird Durst erregen und wir bekommen fast kein Wasser. Die meisten aber essen ihre Satzfische. Reichen die Aufseher dann und wann einen Eimer Wasser herein, entsteht ein großer Tumult. Alle drängen sich herzu, jeder will wenigstens einen Schluck erobern. Und ohne Fluchen und Schimpfen geht's da nicht ab.

Je weiter wir in den Norden kommen, je tiefer wir in den Urwald eindringen, desto mehr Verbannte sehen wir auf allen Stationen. In langen Reihen stehen und sitzen sie: jung und alt, klein und groß, Männer und Frauen, Knaben, Mädchen, alle mit vergrämten, blassen Gesichtern, tieftraurigen Augen und dem charakteristischen Verbanntenzug um den Mund. Es sind meistens Bauern aus der Ukraine. Einen schauerlichen Eindruck machen diese armen Volksgenossen, die mit verzweifelter Gleichgültigkeit sich der grausamen Vernichtung Stalins preisgegeben sehen. Diese Menschen haben keinen Willen mehr, gleichgültig lassen sie alles über sich ergehen, denn sie sind ja zum Tode verurteilt, zum Hungertode, der sie zu Tausenden dahinrafft.

Schmutz, Ungeziefer, das nasse, raue, ungewöhnliche Klima, unerträglich schwere Arbeit verursachen verschiedene Krankheiten und räumen furchtbar unter diesen armen Verbannten auf. Die Not anderer, der Anblick dieser Armen lässt mich fast mein eigenes Schicksal vergessen.

Auf einer Station, wo unser Zug hält, schauen zwei Mädchen von etwa sechzehn Jahren von draußen zu uns durchs Gitterfenster. Ich befrage sie über die Gegend. „Wir wissen nicht, wir sind ja auch solche wie ihr", – antworten sie mit einem tieftraurigen Blick, den ich nie vergessen werde. Es sind verbannte ukrainische Mädchen.

Ein russischer roter[2] Offizier, der von Anfang an treu unter den Bolschewiken gekämpft hatte, gehört zu unseren Leidensgenossen hier im Wagen. Als er in der Krim gegen Wrangel kämpfte, hatte er bei einem deutschen Kolonisten sein Standquartier. Einige Jahre später, als er einmal in der Krim am Schwarzen Meer seinen Urlaub verbrachte, besuchte er diesen deutschen

[2] den Sowjets gehörig

Kolonisten und vergaß bei ihm ein Buch. Der Kolonist fragte in einer Postkarte an, wohin er das Buch schicken sollte. Dieser Kolonist war 1929 auch unter den deutschen Flüchtlingen vor Moskau und wurde da verhaftet. Im Winter darauf verhaftete man auch den roten Offizier und beschuldigte ihn der Konterrevolution. Als Beweis hielt man ihm die Kopie jener Postkarte des deutschen Kolonisten vor die Augen. Das war sein Verbrechen. Dafür musste er für drei Jahre in die Verbannung.

Ich stehe mit ihm am Fenster und sehe in die unermesslichen Naturschätze da draußen.

„Wir Russen verstehen nicht zu leben“, sagt er schließlich. „Wie es zu den Zeiten vor tausend Jahren war, als wir unsere Boten zu den Normannen schickten mit der Bitte ‚Unser Land ist groß und reich, aber Ordnung ist keine. Kommt und herrscht über uns’, so ist es auch heute noch. Erst hatten wir über 200 Jahre die Tatarenherrschaft, die uns am Emporkommen hinderte, und jetzt verwüstet der Georgier Stalin mit seinen Helfern unser Mütterchen Russland. Die Europäer leben auf einem Bruchteil der Erdfläche, die wir besitzen, viel besser als wir in unserem großen Land mit seinen ungeheuren Naturreichtümern. Was haben wir nicht alles? Land, Kohlen, Holz, Petroleum, Meere, große schiffbare Flüsse! Wir könnten viel besser leben als die Europäer, aber nein, wir lassen uns von den hirnverbrannten Ideen eines internationalen Kommunismus verwüsten und zerfleischen. Unser Land ist groß und reich, aber Ordnung ist keine! – So war's damals vor über tausend Jahren, und so ist's auch heute noch!“

Ich sehe ihn noch vor mir stehen, diesen kräftigen, blühenden Mann. Zwölf Jahre hat er den Bolschewiken als roter Offizier gedient, jetzt wird auch er nach Archangelsk verbannt. Äußerlich ist er rot, aber sein Herz ist und bleibt dem russischen Volk treu. Bis jetzt hat er zurückhalten müssen, jetzt, wo er nichts mehr zu verlieren hat, macht er seinem beengten, russischen Herzen Luft.

Lange noch stehen wir am Fenster und sehen hinaus, jeder seinen eigenen Gedanken nachgehend. Immer weiter und weiter eilen wir nach Norden durch die herrlichen Urwälder. Auf den

Stationen liegen unübersehbare Massen gefällten Holzes, welches im Winter von den Verbannten bei 30-40°, ja manchmal sogar bei 50° unter Null, gefällt wird und jetzt auf den Export wartet. Immer dichter und größer werden die Verbanntenlager, immer trostloser der Anblick der verlumpten, verhungernden, verzweifelten Verbannten, immer unwirtlicher und öder die Gegend. Hin und wieder liegt noch Schnee, große Sümpfe ziehen an uns vorüber, wir nähern uns unserem Bestimmungsort Archangelsk.

„Wir verstehen nicht zu leben!", – kommt's noch einmal aus tiefer Brust des Offiziers, er spuckt aus, dreht sich mit einem Ruck vom Fenster und setzt sich teilnahmslos auf die harte, schmutzige Bank des Arrestantenwagens.

Im Konzentrationslager

„Ein Konzentrationslager!“, – schreit jemand am Fenster. Wir eilen ans Fenster. Einen halben Kilometer seitwärts liegt es, das Konzentrationslager. Es sind etwa ein halbes Dutzend Holzbaracken, mit einem Stacheldraht umzogen. An den Ecken stehen Wachen, auf dem Hof gehen die Menschen hin und her. Mehr können wir nicht wahrnehmen.

Es hallt ein langes Sirenenzeichen der Lokomotive. Wir sind am Ziel. Es ist eine unansehnliche Haltestelle in der Nähe von Archangelsk. Unser Arrestantenwagen wird abgekoppelt, auf ein Nebengleis geschoben und der Zug geht weiter. Es ist sechs Uhr morgens. Ein schöner, friedlicher Morgen. In der Nähe krähen die Hähne. Die kleine Station ist so menschenleer und friedlich. Vielleicht ist es gar nicht so schlimm, wie wir glauben, denken einige. Der Mensch lässt sich so leicht von den äußeren Eindrücken beeinflussen.

Stunde um Stunde vergeht und man lässt uns nicht hinaus. Die Sonne steigt immer höher, es ist schon Nachmittag und niemand kümmert sich um uns. Draußen gähnt und langweilt sich die Wache, die uns begleitet hat. Einige hauen vor Langeweile mit dem Säbel in die grünen Zweige.

„Wann wird man uns endlich hinauslassen?,“ – fragt ein Ungeduldiger.

„Warte nur, du wirst das Konzentrationslager schon noch in Genüge kennen lernen!“, – ist die spöttische Antwort.

Endlich kommt Leben in die Bude. Man reicht Fragebogen herein, die von denen ausgefüllt werden sollen, die zur freien Verbannung verurteilt sind. Viele können nicht schreiben oder nur sehr mangelhaft. Ich fülle viele Bögen für andere aus, worauf diese mit steifen ungelernten Fingern ihren Namen dazusetzen. Wer überhaupt nicht schreiben kann, muss jemand bitten, der für ihn unterschreibt. Die Fragenbögen enthalten nur kurze Fragen nach Namen, Geburtsdatum, Geburtsort usw. Am Schluss steht der Befehl, dass der Verbannte den Verbannungsort nicht zu verlassen und sich in drei Tagen bei der GPU zu melden hat.

Darauf lässt man uns alle hinaus und wir müssen uns zu viert hinstellen. Man zählt uns noch einmal.

„Partija (Gruppe) marsch!“, – kommandiert der erste Tschekist und die Gruppe setzt sich, von scharfer Wache begleitet, in Bewegung. Jeder trägt ein Bündel auf der Schulter oder unter dem Arm. Einige haben schwere Holzkisten und brechen fast zusammen unter der schweren Last.

„Partija stoj (Gruppe halt)!“, ertönt plötzlich wieder ein Kommando. Alles steht still und seufzt erleichtert auf. Ein paar Kilometer sind wir im Eilmarsch marschiert. Ich habe nur ein kleines Bündel unter dem Arm und bin nicht müde, aber die mit den schweren Holzkisten sind ganz erschöpft.

Man ruft zehn Mann von uns auf, es sind sie Schlachtschafe fürs Konzentrationslager. Der eine protestiert, er sei nicht zum Konzentrationslager, sondern zur freien Verbannung verurteilt worden.

„Hier in deinen Papieren ist angegeben ‚Konzentrationslager‘. Und da ist nichts zu machen.“ Wie sehr er auch behauptet, das sei ein Irrtum, vielleicht ein Schreibfehler, es hilft ihm nichts, er muss mit. Die anderen bringt man zu einem nahen, großen Holzschuppen und überlässt sie ihrem Schicksal. In der Nähe sehen wir schon den Stacheldraht vom Konzentrationslager. Bald sind wir da und werden der Verwaltung des Lagers übergeben. Unsere Wache hat ihre Arbeit getan und eilt vergnügt von dannen.

Es ist gerade Aufnahme. Mehrere hundert Gefangene stehen und harren der Dinge, die da kommen sollen. Sie sind aus Jaroslawlj an der Wolga. Hinter einem langen Brett sitzt eine Reihe Schreiber. Davor steht ein kleiner Tisch, um welchen die wohlgenährten Beamten der GPU sitzen. Der eine hält eine Liste in der Hand und verliest einen Namen. Der Betreffende tritt hervor.

„Hast du Geld bei dir?"

„Ja."

„Wie viel?" Er nennt ein paar Rubel.

„Gib sie ab!"

Als er sie abgegeben hat, wird er untersucht, ob er nicht noch mehr Geld oder sonst etwas bei sich hat. Das abgenommene Geld wird eingetragen und der Nächste kommt an die Reihe.

Für das abgenommene Geld bekamen wir später Lagerscheine. Diese haben ihren Wert nur im Konzentrationslager. Da ist ein kleiner Laden, in welchem man für die Lagerscheine Kleinigkeiten kaufen kann: Bonbons, Briefpapier, Bleistifte, Spiegel, Strümpfe, Schüsseln usw., aber Kleider oder Wäsche waren keine zu bekommen.

Ich habe etwa 60 Rubel bei mir. 14 davon gebe ich ab, das andere habe ich zwischen dem Schuhfutter versteckt, es wird nicht gefunden.

Einen sah ich nach der Untersuchung ein Messer aus der Erde hervorholen. Er hatte es vor der Untersuchung da verscharrt.

Wir sind noch streng von den anderen im Konzentrationslager isoliert. In unserer Nähe geht einer von ihnen vorbei. Wir fragen ihn, was sie im Lager zu tun haben und wie es ihnen geht. Er steht still und dann beginnt er uns bereitwillig Auskunft zu geben, während ein Tschekist schon bei ihm stehen bleibt und ihn anschreit:

„Aus welcher Baracke bist du? Was machst du hier?"

„Ich ging vorbei. Die Neuen hielten mich an und fragten etwas vom Lagerleben und ich erklärte ihnen nur."

„Marsch mit ihm in den Karzer!", schreit der Kommandant einem Wächter zu.

„Verzeihung, Herr Kommandant! Die fragten und ich antwortete nur."

„Marsch mit ihm in den Karzer!", lautet der kurze, unerbittliche Befehl und der Arme wird für 24 Stunden in den kalten, nassen Karzer gesperrt.

Endlich ist die Prozedur der Aufnahme beendet und man bringt uns in die Baracke, wo wir wieder, wie in der Butyrki, nur rohe, zusammengenagelte Bretter ohne Matratze, ohne Kissen und Decken zum Schlafen bekommen.

„Prowerka (Kontrolle)!", – donnert es plötzlich durch die Baracke, als wir eben einschlafen wollten. Schnell steigt alles von den Holzpritschen und wir stellen uns zu viert auf. Unser Starosta (Gruppenälteste) übt mit uns die Begrüßungsformel ein.

„Da sdrawstwujet tschetwjortaja rabotschaja rota (Es lebe die vierte Arbeitsgruppe)!", – sagt er.

„Sdrawstwuj[3]!", – schreien wir wie ein Mann.

„Viel zu still! Lauter!"

„Sdrawstuj!"

„Noch zu still! Lauter!"

„Sdrawstwuj!", schreien wir aus allen Kräften.

„Noch zu still! Noch lauter! Dass die Fenster klirren! Dass es in den Wolken klingt!"

Immer wieder und wieder müssen wir das verhasste „Sdrawstwuj!" schreien. Endlich scheint er zufrieden zu sein. Stramm stellen wir uns hin und rühren uns nicht. Der Kommandant tritt ein. Es ist mäuschenstill.

„Es lebe die vierte Arbeitsgruppe!", sagt er laut.

„Sdrawstuj!", antworten wir wie ein Mann mit Donnerstimme.

„Du hast deine Jungs aber schlecht in Ordnung! Sorge dafür, wenn ich wiederkomme, dass sie lauter antworten!", sagt er zum Gruppenverantwortlichen.

„Wie viel Mann hast du in deiner Kammer?"

---

3 wörtlich: Sei gesund (russisches Begrüßungswort)! In diesem Fall nur die Bedeutung: Es lebe ...!

„420! 200 sind auf Arbeit, sechs sind krank, 14 im Karzer und 200 stehen hier!“, antwortet unser Vorsteher mit schreiender Stimme.

Man zählt uns und der Kommandant verlässt die Kammer.

„Ich sagte euch doch, ihr sollet lauter schreien, ihr Hundesöhne!“, – flucht der Starosta nach dem Verschwinden des Kommandanten und übt jetzt noch lange, lange mit uns die Begrüßungsformel ein.

„Sdrawstwuj! Sdrawstwuj! Sdrawstwuj!“ hallt es immer wieder und immer lauter durch die Baracke. Endlich ist er fertig und wir klettern müde und matt auf die Pritschen, die sich in vier Doppelreihen, eine über der anderen, durch die Baracken ziehen. Die Uhr ist schon nach elf und es ist noch ganz hell. Die Sonne ist eben untergegangen, es bleibt aber so hell, dass man draußen ohne Licht und ohne Mondschein gemütlich lesen kann. Es sind die hellen Nordnächte. Sie lasten dem, der sie nicht gewöhnt ist, schwer auf den Nerven und lassen ihn nicht schlafen.

„Wstawaj (Aufstehen! Aufstehen)!“ schallt es um halb fünf Uhr morgens durch die Baracke. Eben sind wir eingeschlafen und schon müssen wir wieder auf.

* * *

Es gibt einen großen Löffel Grütze. Schnell essen wir auf unseren Holzpritschen die Grütze und trinken eine Tasse heißes Wasser dazu, denn nur die wenigsten haben etwas Tee zum Dazuschütten. Die Grütze trägt man in großen Holzkübeln durch die Reihen und legt jedem, seinen Anteil in die Schüssel. Wer keine hat, bekommt seinen Anteil mit sechs anderen Gefangenen zusammen in einer großen Blechschüssel.

„Hinaus! Hinaus! Hinaus!“ ertönt das neue Kommando. Alle müssen hinaus auf den Hof. Aus allen Baracken strömen sie heraus, die armen Verbannten, und stellen sich in Reihe und Glied. Der ganze große Hof wimmelt voll Menschen, es sind mehrere tausend. Überall hört man die Kommandorufe und es ist, als ob man zum Krieg rüste. Einen Kilometer seitwärts sehe ich einen großen Dampfer liegen. Ich traue meinen Augen kaum, denn ich ahnte nicht, dass wir so nahe am Wasser sind.

„Was ist das für ein Schiff?", – frage ich meinen Nachbar.

„Ein ausländisches Schiff, das gekommen ist, um Holz zu holen."

„Sind wir hier an der Norddwina[4]?"

„Jawohl!"

Wenn ich doch mit so einem Schiff entkommen könnte, denke ich.

„Partija, marsch (Gruppe, marsch!)", unterbricht das Kommando unseres Aufsehers meine Gedanken und unsere Gruppe setzt sich in Bewegung. Von bewaffneten Tschekisten begleitet geht's dem Arbeitsplatz zu. Jede Gruppe besteht aus etwa hundert Gefangenen, einen oder zwei bewaffneten Wächtern und fünf oder sechs Unteraufsehern.

Wir müssen Papierholz aufstapeln. In langen Zügen wird es jeden Tag aus dem Inneren des Urwaldes gebracht. Das ganze Ufer der Norddwina ist ein unübersehbares Holzlager. Die Holzlager unseres Konzentrationslagers nehmen mehrere Quadratkilometer ein. Wir arbeiten Tag und Nacht, in zwei Schichten; von sechs Uhr morgens bis sechs Uhr abends eine Schicht und von sechs Uhr abends bis sechs Uhr morgens die andere Schicht. Zwei Stunden, von 11 bis 13 Uhr, ist Mittagspause, aber das lange Zählen vor und nach dem Essen raubt uns die köstliche Zeit, sodass wir nur höchstens eine Stunde zum Mittagessen haben. Es gibt entweder übel riechende Fischsuppe oder ähnliche Fleischsuppe. Brot gibt es reichlich, von 800 Gramm bis zu einem Kilo täglich für den Vollarbeiter, der seine Arbeitsnorm geschafft hat. Es ist aber so eine Art Mischbrot, die nicht sehr bekömmlich ist.

Die Kleider sind von der Arbeit mit dem harzigen Holz bald dick beklebt und die Hände zerrissen. Kleider und Schuhe bekommt man nicht. Einige, die fast nackt waren, bekamen Leinenkleider und Bastschuhe. Meistens regnet es, oft schneit es, und das sogar im Juni. Wir aber müssen ununterbrochen draußen in

4 Nördliche Dwina (Fluss im Norden Russlands)

Regen und Schnee arbeiten. In denselben durchnässten Kleidern schlafen wir auch in unseren schmutzigen Baracken. Kommen wir endlich nach elf Uhr abends auf unsere Holzpritschen, dann rauben uns Milliarden von Insekten die Ruhe, der wir so sehr bedürfen. Sonn- oder Ruhetage gibt es für uns keine. Theoretisch sollen wir jeden zehnten Tag frei bekommen, aber wir bekamen nie einen freien Tag.

War es in Moskau im Gefängnis schrecklich, so ist es hier viel schrecklicher. Tag und Nacht in Regen und Schnee auf Arbeit, bei schlechtem Essen, in nassen Kleidern in den verpesteten, schmutzigen Baracken dicht zusammengedrängt schlafen, ohne Ruhetage, immer von entmenschten, blutdürstigen Tschekisten angetrieben, ist unsere Lage so, dass kein Hund mit uns tauschen würde.

Einmal komme ich von der Arbeit und habe einen neuen Nachbar bekommen. Ihm laufen die Läuse von außen auf den Kleidern umher. Ich mache ihn darauf aufmerksam, er wischt einmal mit der Hand darüber und stört die Tiere nicht weiter. Anfänglich bin ich empört darüber, aber als ich ihn näher kennen lerne, bemitleide ich ihn tief. Er ist schon einen Winter im Konzentrationslager gewesen. Seine Finger und Zehen waren ihm auf der Arbeit angefroren. Er musste jede Nacht, trotz seiner abgefrorenen Glieder, auf Arbeit gehen. Alles, was kommt, lässt er geduldig über sich ergehen und hat nun keine Widerstandskraft mehr.

Mit hängenden Köpfen, wie die Schlachtschafe, gehen wir zweimal täglich auf Arbeit.

„Hier müssen wir umkommen, hier gibt es kein Entrinnen", sagt einer zum anderen.

„Denkt nicht, dass ihr hergeschickt seid, eure Zeit abzusitzen! Ihr seid zur physischen Vernichtung hergeschickt, denn ihr seid ein schädliches Element. Ihr werdet nie zurück in eure Heimat kommen. Auch wenn ihr die drei, fünf oder zehn Jahre überleben solltet, die ihr bekommen habt, so werdet ihr weitere hinzubekommen, aber nach Hause kommt ihr nie mehr!"

„Wisst ihr Konterrevolutionäre, was euch bestimmt ist? – Dieses hier!", und damit zeigt der Tschekisten auf den Flintenlauf. „Die Kugel ist für euch bestimmt, und es ist nur Gnade, wenn ihr hier noch einige Jahre verleben könnt!"

Von der Wahrheit dieser Worte mussten wir uns nur zu sehr überzeugen.

* * *

Es kommen immer mehr ausländische Schiffe. Sie kommen aus England, Schweden, Norwegen, Frankreich, Dänemark, Amerika das Blutholz zu holen. Ich arbeite einmal auf dem Holzhof, das andere Mal auf den Schiffen. Als das erste Schiff ankommt, wählt man von uns die stärksten und gesündesten Männer, kleidet sie neu an und gibt ihnen neue Schuhe. „Die Ausländer können euch doch nicht in euren Lumpen sehen", meint man. Als aber immer mehr Schiffe kommen, lässt man uns schon in unseren Lumpen hinauf, weil die Kleider und Schuhe nicht ausreichen.

„Aufstehen! Aufstehen!" erschallt es wieder eines Tages frühmorgens durch die Reihen.

„Hinaus, hinaus, hinaus!" kommt es bald nachher. Wir stehen draußen in Reihe und Glied.

„Wer will für einen Tag zum nächsten Lager auf Arbeit gehen?", fragt auf einmal der Aufseher. 30 Mann von uns melden sich, darunter auch ich.

Wir sind vier Mann aus Moskau, die wir von Anfang an zusammenhalten: ein Buchhalter, ein Schneider, der jüdische Architekt und ich. Alle vier sannen wir vom ersten Tag über unsere Flucht nach. Dem Buchhalter gelang es, gleich von Anfang aufs Schiff zu kommen, wo er langsam seine Flucht vorbereitete. Der Architekt bekam vom ersten Tag einen Posten als Aufseher, hatte dann einen Passierschein und konnte sich frei in und außer dem Lager bewegen. Er wollte mit mir zusammen fliehen, bot mir eine Aufseherstelle auf dem Schiff an, damit ich die Flucht gut vorbereiten könne, was ich aber ablehnte. Der

Schneider war eines Tages verschwunden. „Der Schneider ist als erster ausgerückt!", meinten wir drei, als wir eines Abends von der Arbeit kamen und seinen Platz leer fanden. Wir arbeiteten weiter und beneideten den Schneider.

Wir 30 Mann bekommen einen Aufseher und gehen zum Nachbarlager, welches nur eine kleine Abteilung von unserem großen Lager ist. Es ist etwa zwei Kilometer von dem großen Lager entfernt. Dort sind nur zwei Baracken für die Verbannten, aber nicht weniger ist der Ort belebt, weil da eine Sägemühle ist, die von freien Arbeitern bedient wird, die ihre Wohnungen auch in der Nähe haben. Es ist eigentlich ein kleiner Vorort von Archangelsk, hat sein eigenes Postamt und macht schon einen viel milderen Eindruck als das große Lager. Zu diesem Lager gehört ein großer Holzhof, auf dem aber nur geschnittenes Holz aufgestapelt ist, während das alte Lager ausschließlich Rundholz hat.

„Hallo! Guten Morgen, Gerhard!", ruft plötzlich eine bekannte Stimme, als wir eben auf den Hof kommen. Es ist der vermisste Schneider. Er ist also nicht ausgerückt, wie wir annahmen, sondern in unserer Abwesenheit hierher überführt worden.

„Guten Morgen, Gerhard!", ruft gleich darauf ein zweiter. Verdutzt schaue ich mich um. Es ist ein Jaroslawer Bauer, mein Nachbar im großen Lager, der auf zwanzig Jahre als Kulake bestraft ist: zehn Jahre Konzentrationslager, fünf Jahre freie Verbannung und nach Ablauf dieser Zeit fünf Jahre Stimmentrechtung.

Unser Schneider und Grigorij, der alte Russe, sind sichtbar erfreut, mich hier zu sehen. „Weiß du, Gerhard, wir arbeiten hier auf einem deutschen Schiff. Es geht uns hier viel besser als im alten Lager. Hier ist mehr Ordnung, wir essen an Tischen, bekommen Löffel, die Arbeit ist leichter. Du musst dich auch hierher überführen lassen. Du kannst auch auf dem deutschen Schiff arbeiten und entfliehst mit ihnen, denn es sind ja eure Menschen!"

Der gute Alte redet wie aus meiner Seele gesprochen. „Das sind ja Deutsche, eure Menschen!" Darauf habe ich ja schon lange gewartet. Deutsch! Wie wohl tut der Klang meinem Herzen!

Als wir in den Hafen kommen, sehe ich ein Schiff mit einer deutschen Anschrift und deutscher Fahne. Ich hätte können laut aufschreien vor Freude. Die Gefühle, die mich beim Anblick dieses deutschen Schiffes durchströmen, sind nicht zu beschreiben. Es ist ja nichts weiter als ein Anblick, aber das ist vorerst genug. Leider kann ich beim Vorübergehen nur einen flüchtigen Blick auf das Schiff werfen. Wir müssen in der Nähe eines englischen Schiffes arbeiten.

„Nun, Jungens, jetzt wollen wir einmal eine kleine Pause machen und rauchen", – sagt nachmittags auf einmal der Aufseher, als wir schon ziemlich geschuftet haben. Wir haben einen neuen, jungen Aufseher. Er treibt uns tüchtig zur Arbeit an, aber eine kleine Atempause gönnt er uns doch.

Als die anderen alle in ihrem Rauchen und Plaudern vertieft dasitzen, schleiche ich langsam fort, gehe am Ufer entlang, am englischen Schiff vorüber und komme dann ans deutsche Schiff. Das ganze Ufer ist voll Menschen, sodass meine Entfernung nicht weiter auffällt. Zudem befindet sich am Ufer, gegenüber dem deutschen Schiff das Trinkwasser, wo die Verbannten Wasser trinken dürfen. Wird meine Entfernung auffallen, werde ich Wassertrinken vorgeben.

Ich komme ans deutsche Schiff. Ein Schiffsbeamter mit einer weißen Mütze nimmt Holz an. Unauffällig stelle ich mich in seine Nähe und rede ihn deutsch an: „Entschuldigen Sie, ich bin ein deutscher Lehrer, auf fünf Jahre Zwangsarbeit im Konzentrationslager verurteilt. Wäre es nicht möglich, mit Ihrem Schiff ins Ausland zu entfliehen?"

Verdutzt schaut der Mann mich prüfend an.

„Warum sind Sie verbannt worden?"

„Weil ich aus Russland auswandern wollte."

„Nur für die Absicht, auszuwandern?"

„Ja, nur deswegen, denn ich habe nichts verbrochen und bin ganz unschuldig. Die Verbannten hier sind ja fast alle unschuldig."

„Haben Sie nicht Frau und Kind?"

„Ja, ich habe eine Frau und ein Kind."

„Wie wollen Sie es denn mit denen machen, wenn Sie jetzt ins Ausland fliehen?"

„Ich weiß jetzt überhaupt nicht, wo meine Familie ist, denn nach meiner Verhaftung habe ich nichts mehr von ihr gehört. Wenn ich ins Ausland entkomme, habe ich Hoffung, sie noch einmal wieder zu sehen, vielleicht in ein oder zwei Jahren. Aber wenn ich hier bleiben muss, sehe ich sie wahrscheinlich nie wieder, denn hier muss ich umkommen, wie auch all die anderen."

„Meinetwegen dürfen Sie mit unserem Schiff flüchten, wenn Sie es zustande bringen. Ich kann Ihnen dabei aber nicht helfen, das müssen Sie schon allein machen. Wie wollen Sie es aber anfangen? Sie werden gar nicht durchkommen. Auf der Kontrollstation wird das ganze Schiff abgesucht und da wird man Sie sicher finden."

„So? Das ist mir ganz neu. Werden denn alle Schiffe untersucht?"

„Ja, und die Kontrolle ist sehr scharf, da können Sie unmöglich durchkommen. – Jedoch, wir werden beobachtet."

Mit kurzem Gruß verabschiede und entferne ich mich. Die nächsten Arbeiter sahen der Unterredung in deutscher Sprache neugierig zu. Wir verhielten uns dabei so unauffällig, wie es nur möglich war. Der Beamte maß dabei sein Holz und richtete sich nur hin und wieder auf. Ich stand auch nicht ruhig, ging hin und her und tat, als ob ich da etwas zu tun hatte. Am Ufer, uns gegenüber, ist eine kleine Bretterbude, in welcher die GPU die ganze Arbeit überwacht. Vor kurzem sind mehrere wohlgenährte Tschekisten mit dem Boot aus Archangelsk gekommen und halten sich wahrscheinlich in dieser Bude auf. Dass mir die ganze Unterredung mit dem deutschen Beamten in dieser Situation nun höchst unbehaglich ist, lässt sich denken, denn wenn meine Unterredung bemerkt worden ist, werde ich entweder mit Karzer bestraft, oder, was noch schlimmer ist, strafversetzt.

Auf dem halben Rückweg kommt mir schon der Aufseher eiligen Schrittes entgegen.

„Wo warst du, Fast?", – ruft er mir erregt entgegen.

„Nun, wo sollte ich sein? Ich ging zum Wasserbehälter dort am Ufer."

„Hu, hab ich einen Schreck gekriegt!", sagt er. Ich sehe mich mit einmal um, da fehlst du. Ich frage die anderen, niemand wusste. Der ist gewiss ausgerückt, denke ich. Du kannst dir meinen Schreck nicht vorstellen. Wenn du dich noch einmal entfernst, hast du dich zu melden! Wer weiß, was du für Gedanken hast? Am Ende hast du hier einen Kahn, der auf dich wartet. Du setzt dich hinein, weg bist du, und ich kann für dich aufkommen."

So ganz dumm bist du nicht, denke ich bei mir, beruhige ihn aber doch, gehe mit ihm und arbeite ruhig weiter, als ob nichts vorgefallen sei. Dabei überlege ich immer wieder den Fluchtplan.

Die Schiffe habe ich schon gut studiert, aber das mit der Kontrollstation ist mir ganz neu. Ich dachte immer, wenn ich erst auf dem Schiff verborgen wäre, sei ich sicher vor den Häschern, jetzt ist das aber ganz anders.

Wir arbeiten bis spät abends, bis wir mit unserer Aufgabe fertig sind. Als wir nach Hause gehen, regnet es.

„Gerhard, guten Abend!", schreit jemand oben vom Schiff herunter, als wir vorbeigehen.

Erstaunt schaue ich auf. Es ist der Schneider, der oben arbeitet.

Ach, könnte ich dir da oben doch Gesellschaft leisten, denke ich, muss aber mit meinen Kameraden weitermarschieren.

Todmüde werfe ich mich auf mein Lager, als wir endlich ins Lager zurückkommen. Der Schlaf aber will noch lange nicht kommen, denn die Flucht spukt mir im Kopf herum.

Am anderen Tag muss ich wieder in dem alten Lager arbeiten. Es ist ein schöner Junitag. Nachts hat es geregnet, jetzt aber ist es schön. Ich muss Holz zum Schiff fahren und beobachte alle Vorgänge auf demselben scharf. Es liegen mehrere Schiffe vor Anker. Alle sind gekommen Holz zu holen.

Wie kommst du nur auf die Schiffe?, – zerbreche ich mir fast den Kopf. Nur denen, die auf den Schiffen arbeiten, ist es erlaubt, diese zu betreten. Ich habe schon ein paar Mal den Aufseher gebeten, aber er will immer noch nicht einwilligen. Die Arbeit auf dem Schiff ist überhaupt viel leichter, und niemand, der solchen Posten einmal erwischt hat, will sich da verdrängen lassen.

* * *

Am anderen Morgen, als wir wieder in der Reihe stehen, um auf Arbeit zu gehen, werden plötzlich unsere Namen vorgelesen. Die Aufgerufenen müssen hervortreten. Auch mein Name wird aufgerufen. Als wir alle vorgetreten sind, erklärt man uns: „Geht, holt eure Sachen und kommt mit. Ihr werdet ins andere Lager überführt." Mein Herz jubelt.

Jetzt komme ich in die Nähe des deutschen Schiffes.

„Du brauchst nicht hin, wenn du nicht willst", – sagt der Jude zu mir. Er will ja mit mir zusammen fliehen.

Wenn es nur geht, werde ich allein fliehen, denn das ist sicher leichter und unauffälliger, denke ich bei mir.

Schnell holen wir unsere Rücksäcke und ziehen freudig mit unserem Aufseher ab. Der Verbannte freut sich auf jede Veränderung und hofft auf Verbesserung. Schlechter als im alten Lager kann es im neuen nicht sein. Soviel haben wir von unseren Leidensgenossen schon erfahren.

Im neuen Lager angekommen werden wir registriert und müssen auf Arbeit.

„Nachmittag seid ihr frei, weil ihr von jetzt an nachts arbeiten sollt."

Nachmittag regnet es. Meine Kameraden legen sich schlafen. Plötzlich sehe ich bei meinem Nachbar, einem russischen Priester, ein kleines russisches Testament. Ich traue meinen Augen kaum. „Wessen Testament ist das?"

„Meins", – antwortet der Priester. Er ist aus Weißrussland von der polnischen Grenze. Ihm ist es gelungen, das Testament mitzunehmen.

Er reicht mir das Neue Testament und geht zur Arbeit. Bewegt vor Freude, endlich einmal nach langem geistlichen Hunger das Wort Gottes lesen zu können, halte ich es in meinen Händen.

Ich kann jetzt das Wort des Propheten Amos verstehen: *„Siehe, es kommt die Zeit, spricht der HERR HERR, dass Ich einen Hunger ins Land schicken werde, nicht einen Hunger nach Brot oder Durst nach Wasser, sondern nach dem Wort des HERRN, zu hören; dass sie hin und her von einem Meer zum andern, von Mitternacht gegen Morgen umlaufen und des HERRN Wort suchen, und doch nicht finden werden"* (Amos 8,11-12).

Auch die Worte Jesu kann ich nun besser verstehen: *„Der Mensch lebt nicht vom Brot allein, sondern von einem jeglichen Wort, das durch den Mund Gottes geht"* (Matthäus 4,4). Wenn die Seele Gottes Wort nicht hat, muss sie verhungern. Zwar ist Sein Wort nicht an den Buchstaben gebunden, die ganze Natur, Sein Geist übermitteln es uns, aber doch finden wir es nirgends so klar, wie in der Heiligen Schrift. Die Freude über das kleine russische Testament presst mir ein paar Tränen aus. Ich fühle mich jetzt ganz besonders verlassen. Das deutsche Schiff, mit dem ich fliehen wollte, hat am Morgen den Hafen verlassen ...

Ich schlage das Johannes-Evangelium auf und lese die Kapitel 14 bis 17. Was für Worte der Liebe und des Trostes hat doch unser Meister da gesprochen! Ich sitze auf meinem harten Lager und lese und lese. Ich vergesse meine Ruhe, vergesse meine Kameraden um mich her. Und meine hungrige, lechzende Seele schlürft in vollen Zügen aus dem Lebensquell. Hier kann sie Labung und Ruhe finden, eine Ruhe, welche die Welt nicht kennt und nicht geben kann.

„In der Welt habt ihr Angst, aber seid getrost, Ich habe die Welt überwunden" Joh 16,33.

Sah Er uns nicht, unser Heiland, als Er Seine Worte vor Seinem Tod sprach?

„Ich bitte für sie und bitte nicht für die Welt, sondern für die, die Du Mir gegeben hast; denn sie sind Dein" Johannes 17,9. Standen die Worte wirklich da? Er, der jetzt in den Tod ging für mich und meine Sünden, dachte nicht an Seine Leiden auf Golgatha, sondern an mich und dich, an uns arme Sünder, für die Er bald

am Kreuz hängen würde. Wie gering, wie nichtig sind doch unsere Leiden im Vergleich zu Seinen Leiden! Wir haben den ewigen Tod verdient, wir schlugen Ihn ans Kreuz, Ihn, der mit solch brennender Liebe den Vater für uns bittet. Nein, ich will nicht mehr zagen, sondern mich Seinem Willen ergeben. Will Er mich aus diesem Ort des Fluches retten, dann kann Er es tun, auch wenn jetzt das deutsche Schiff fort ist. Wenn nicht, dann geschehe auch so Sein heiliger Wille!

„Was liest du da?", – fragt plötzlich jemand.

Ich schaue auf und sehe einen alten russischen Mann vor mir. Ich lade ihn zum Sitzen ein. Schüchtern folgt er dieser Einladung und setzt sich zu mir.

„Ich lese Gottes Wort."

„Was sind Sie für ein Mensch? Sind Sie ein Baptist oder ein Evangeliumschrist?"

„Nein, ich bin ein Christ."

„In unserer Gegend waren auch solche Menschen, die lasen immer in der Bibel. Es waren solche gute Menschen. Die GPU hat die meisten verhaftet, viele erschossen und die anderen in die Verbannung geschickt. Lesen Sie mir doch bitte auch etwas aus dem Testament vor."

„Bitte, lesen Sie doch", – sage ich und reiche es ihm.

„Ach, ich kann ja weder schreiben noch lesen!", – sagt er traurig. Und diesen armen, schüchternen, ungebildeten Bauer, der weder schreiben noch lesen konnte, hatte die GPU auch auf viele Jahre als Konterrevolutionär verbannt.

Ich lese ihm aus dem hohepriesterlichen Gebet Jesu vor, das ich gerade aufgeschlagen habe. Der alte Bauer sitzt bei mir auf der Holzpritsche, nickt immer vor sich hin und murmelt: „O, wie schön!" Auch seine Seele hungerte nach dem Worte Gottes.

Bald darauf kommt der Ruf zur Arbeit. Wir haben nicht geschlafen, müssen die ganze Nacht hindurch arbeiten, doch unsere Seele ist erquickt, denn sie hat vom Lebensquell getrunken, und das stärkt mehr als Schlaf.

* * *

„Der Architekt sucht dich", sagt mir jemand.

Schnell eile ich hinaus und finde ihn bei den Zimmerleuten. „Fast wird heute Nacht bei euch arbeiten. Jetzt nehme ich ihn mit ins alte Lager, für euch Nägel zu holen", – sagt er zu den Zimmerleuten.

Auf dem Weg zum alten Lager besprechen wir den Weg unserer Flucht.

„Wir müssen unbedingt auf ein Schiff fliehen, denn hier müssen wir umkommen. Es ist aber sehr gefährlich. Erwischt man uns dabei, werden wir erschossen. Der Buchhalter, glaube ich, hat schon sein Kissen aufs Schiff gebracht", sagt der Architekt.

Der Buchhalter arbeitet auf dem großen Dampfer, den ich am ersten Morgen sah. Während dieser Unterhaltung gehen wir ins alte Lager. Die Wache kennt den Architekten schon und lässt uns passieren. Als wir die Nägel bekommen haben, gehen wir wieder zurück ins Lager. Auf dem Wege reden wir meistens von der Flucht.

„Wenn ein deutscher Dampfer kommt, verabredest du die Flucht mit ihm, aber nur mit dem Kapitän, denn einem anderen dürfen wir uns nicht anvertrauen. Ich werde jeden Tag bei euch in der Sägemühle erscheinen, um zu sehen, wie weit du bist. Aber ich wiederhole noch einmal: Vorsicht, große Vorsicht braucht man. Denn ich habe heute noch von anderen erfahren, dass wir ohne weiteres erschossen werden, wenn wir verraten werden!", sagt der jüdische Architekt.

Er hat schon Verbindungen mit der höchsten Lagerverwaltung angeknüpft und weiß gut Bescheid. Die ganze Lagerverwaltung, alle Aufseher sind Verbannte. In unserem Lager ist nur ein einziger Freier, ein Tschekist, der die Leitung in seinen Händen hat. Unter den Verbannten gibt es auch in Ungnade gefallene Kommunisten und Tschekisten. Sie werden in den Lagern als Aufseher gebraucht und müssen sich nun wieder emporarbeiten. Je strenger sie zu ihren Untergebenen sind, je mehr sie diese quälen und ausnützen, desto eher kommen sie wieder in Gnade und Freiheit.

Im neuen Lager angekommen geben wir die Nägel ab und gehen dann in eine Essstube neben unserem Lager. Unser Lager wird auch streng bewacht, aber mein Architekt hat ja einen Passierschein und wir können überall hingehen. Der Esssaal ist nur für freie Fabrikarbeiter und die Verbannten haben kein Recht hier zu essen. Wir haben natürlich auch keinen Pass vorzuzeigen, sind aber etwas intelligent gekleidet und man fragt uns nicht nach dem Pass. Als wir an der Kasse stehen, bittet ein Freiverbannter, ich möchte doch zwei Portionen nehmen, damit er auch etwas zu essen bekäme. Es tut mir weh, seinen Wunsch abzulehnen, aber ich fürchte, wenn ich zwei Portionen verlange, müsste ich am Ende meine Papiere vorlegen, die ich doch nicht habe.

Armer Mann, du ahnst wohl nicht, dass wir beide viel tiefer als du im Dreck stecken, denke ich, denn er ist nur ein Freiverbannter und wir sind aus dem Konzentrationslager. Nur unser dreistes, verwegenes Auftreten und unsere noch einigermaßen anständige Kleidung verschaffen uns das Essen. Es gibt eine gute Grütze und Suppe dazu. Wir lassen dem hungrigen Leidensgenossen etwas übrig und verlassen den Saal. Es war das letzte Mal, dass ich auf russischem Boden frei speiste, wenn auch als Verbannter.

Draußen verabschiedet sich der Architekt von mir. Er verspricht, täglich einmal vorzusprechen, um zu erfahren, ob noch kein deutsches Schiff gekommen sei, aber ich habe nichts mehr von ihm gesehen noch gehört.

Ich bin nun in der Nachtschicht und komme auch ein paar Mal aufs Schiff, wo ich Gelegenheit habe, das Schiff von innen kennen zu lernen.

Dann vergeht wieder eine Nacht wie die andere. Wenn der Regen in Strömen gießt, suchen wir uns immer vor dem Aufseher zu verstecken. Bald treibt er hier ein Häufchen zusammenkauernder Arbeiter auf, bald da. Dafür müssen wir morgens dann um soviel länger arbeiten, weil wir unsere Aufgabe schaffen müssen.

Die Flucht

Wieder ist es Nacht und wir sind bei der Arbeit. Ich gehe auf einen englischen Dampfer und habe große Lust, mich da zu verstecken. Nein, noch nicht, heißt es in mir. Ich verlasse den Dampfer und gehe auf den Holzhof an meine Arbeit. Bald darauf lichtet der Engländer die Anker und verlässt Russland. Ich sehe ihm mit sehnsüchtigen Augen nach.

Nach Mitternacht kommt ein neuer Dampfer, er ist schon bis oben mit Holz beladen. Der wird sicher nicht mehr lange hier bleiben. Wäre es doch ein deutscher, dann kann ich versuchen, mit ihm zu entfliehen, denke ich bei mir.

Es ist Pfingstabend. „Hinaus, hinaus, hinaus!" erschallt wieder das übliche Kommando in unserer Baracke nach fünf Uhr abends. Langsam stehen wir von unseren Lagerplätzen auf, langsam schleichen wir hinaus, langsam stellen wie uns in die Reihe. Der Aufseher kommt, zählt uns ab und unsere Gruppe setzt sich in Bewegung. Als wir bei den Schiffen vorbeikommen, sehe ich, das der Dampfer von gestern ein deutscher ist. Gott sei Dank! Mit diesem Dampfer entfliehst du, wenn Gott dir den Weg dazu öffnet, denke ich.

Bis Mitternacht arbeite ich hoch oben auf einem Holzstapel. Noch nie habe ich mit so viel Freudigkeit im Konzentrationslager gearbeitet wie in dieser Nacht, denn es soll ja meine letzte Nacht hier sein. Am Horizont zeigt sich der Vollmond, färbt den Himmel blutrot und verschwindet im nächsten Augenblick wieder, denn er kommt im Sommer nur für ein paar Augenblicke vor. Wenn meine Kameraden in die nahe gelegene Rauchstube gehen, liege ich da oben auf dem Holzstapel auf meinen Knien und flehe Gott um Hilfe an.

Endlich ruft man zum Nachtessen. Alle eilen in die Baracke, wo wir unser Nachtmahl bekommen.

„Heute hat er Antwort bekommen", – erzählt einer meiner Tischgenossen.

„Wer?", frage ich.

„Nun der, welcher zu zehn Jahren Konzentrationslager verurteilt war und ein Bittgesuch einreichte, man möchte ihn lieber erschießen."

„Und? Wie lautet die Antwort?

„Seinem Wunsch werde erfüllt werden."

Armer Mann! Soweit kommt man in solchen Stunden, wenn man keinen Halt an Gott hat. Von seinem Standpunkt hat der Mann ohne Zweifel recht, denn ein schneller Tod durch die Kugel ist einem jahrelangen qualvollen Tode entschieden vorzuziehen. Er weiß, zehn Jahre Konzentrationslager wird er doch nicht überleben, und da bittet er um eine sonderbare Gnade, um Erschießung. „Dein Wunsch wird erfüllt werden." Welch eine Antwort! Die Massenmörder wollen an ihm wahrscheinlich ein Beispiel statuieren, den anderen zur Warnung. Was ist ihnen ein Menschenleben, wo sie doch Millionen erbarmungslos vernichten? „Dein Wunsch wird erfüllt werden." Ein Schuss, ein Knall und alles ist vorüber. Ja, so denkt der natürliche Mensch, der nichts weiß von einem Lenker unserer Wege, der stärker ist als alle Macht der Dämonen. Ein Schuss und alles ist vorbei! Armer Tor, wie groß wird deine Enttäuschung sein!

Die Mahlzeit ist beendet. Ich sitze und sinne über meine Flucht nach. Grigorij, der alte treue Russe, liegt neben mir auf seinem Lager. Man ruft ihn zur Arbeit. Schnell teile ich ihm meinen Plan mit, gebe ihm meine Lagerscheine, mein Kissen, meine Decke und Kleinigkeiten, die ich noch habe. „Wenn ich wiederkomme, gib es mir zurück, andernfalls magst du es behalten", sage ich zu ihm.

„Ich werde das Geld nehmen, aber meiner Frau schreiben, sie soll dafür deiner Frau Geld schicken", antwortet er.

Ein Händedruck, ein Kuss nach russischer Sitte und er eilt zur Arbeit. Ich werfe mich auf mein Lager. Von der hellen Nacht draußen herrscht in der Baracke ein Halbdunkel. Jetzt kommt bald die entscheidende Stunde. Die Flucht soll mir meine Freiheit bringen, aber sie kann mir auch mein Leben kosten, wenn man mich einfängt.

* * *

Mein ganzes Leben zieht noch einmal an mir vorüber. Ich sehe mich als Kind mit meinem Bruder in Lugowsk auf einem Schaukelpferd reiten. Ich sehe mich in der Dorfschule, in der Knabenmittelschule, als Siedler in Sibirien mit meinen Eltern in unserer zweiten geliebten Heimat. Ich sehe meine Eltern und Brüder in Schöntal. Ich sehe mich als Lehrer, als Bräutigam mit meiner Braut. Ich sehe, wie Gott uns segnet, wie aber in einem Sommer alles genommen wird.

Ich denke an jene letzte Nacht in Schöntal, die ich und mein jüngster Bruder Heinrich da verlebten. Es ist Mitternacht. Langsam und leise geht ein altes Mütterlein über die Straße zu ihrem jüngsten Sohn. Leise öffnet sie das Haus, denn wir ließen bei uns in Sibirien die Türen fast immer unverschlossen. Dann betritt sie das Haus ihres Jüngsten. Der Vollmond schaut still durchs Fenster in die Bauernstube. Morgen wollen sie fort, ihr Ältester und ihr Jüngster. Das Herz will ihr fast brechen, denn sie weiß, sie wird die Söhne nie wieder sehen, denn die wollen ja nach Amerika, und sie ist alt, hat wohl nicht mehr lange zu leben, und es ist die letzte Nacht, dass sie ihre Kinder bei sich hat.

Nun steht sie hier um Mitternacht im Mondschein am Bett ihres Jüngsten, einsam und allein. Wer versteht ihren Schmerz, wer weiß, was sie fühlt. Sie ist allein, denn sie kann, sie darf es ja niemandem sagen, was sie fühlt. Endlich hält sie es nicht mehr aus. Leise rollen ein paar schwere Tränen über die durchfurchten Wangen, es werden immer mehr und mehr, sie vergisst schließlich alles andere und schluchzt leise vor sich hin.

„Heinrich. Heinrich, weint da nicht jemand?“, weckt die junge Frau ihren Mann. Er erhebt sich und sieht die schluchzende Mutter vor sich stehen. Als sie sich entdeckt sieht, verschwindet sie ebenso still und leise, wie sie gekommen ist. Oben am Himmel schreien die abziehenden Kraniche, ein Kätzchen huscht leise um die Ecke. Es ist so schön und still draußen, und ach, dem Herzen tut's so weh!

Und dann am nächsten Tag der letzte Händedruck meiner Mutter. Sie ist still, nur ein paar große Tränen rollen wieder herunter. Sie winkt abwehrend mit der Hand, ein letzter Gruß – und ich sehe sie nicht mehr.

Dann der Abschied von den Eltern und Geschwistern meiner Frau, der Abschied von meinem alten geliebten Vater am Bahnhof, und zuletzt von meiner Familie, Frau und Sohn, als die GPU mich ihnen entreißt.

O meine Lieben alle, sehe ich euch noch einmal wieder in meinem Leben? Wo seid ihr jetzt, wie geht es euch? Ich weiß es nicht, denn ich habe nichts mehr von euch gehört. Gelingt die Flucht, dann sehen wir uns vielleicht noch einmal wieder, wenn nicht, dann, o dann ... Ich drehe mein glühendes Gesicht in die Kissen. Ein heißer Tränenstrom netzt es.

* * *

„Hinaus, hinaus, hinaus!“, schreien die Aufseher in der halbdunklen Baracke und treiben uns hinaus. Ich erhebe mich und gehe festen Schrittes hinaus. Die Flucht soll beginnen. Jede Unruhe ist aus meiner Seele gewichen, ich bin fest entschlossen, den gefährlichen Schritt zu wagen.

„Stellt euch in die Reihen!“ Ich stelle mich in die vordersten Reihen, wo diejenigen stehen, die aufs Schiff sollen. Die, welche, wie ich, auf dem Holzhof arbeiten sollen, müssen sich hinten aufstellen. Es darf aber nicht jeder arbeiten, wo er will, sondern wo man ihn anstellt. Und ich bin in diser Nacht auf dem Holzhof angestellt, habe also kein Recht, aufs Schiff zu gehen.

„Eins, zwei, drei, vier!“ – Man zählt uns. Als alles fertig ist und die Wächter mit dem Gewehr bereitstehen, erschallt das Kommando: „Schagom (im Schritt) marsch!“ Die Gruppe setzt sich in Bewegung.

Wir nähern uns dem Hafen. Meine Gruppe teilt sich ab und geht auf den Holzhof. Ich drehe mich zweifelnd um. Soll ich ihr folgen? Ach, nein, jetzt wagst du es, denke ich und schreite stark und entschlossen vorwärts. Beim Schiff angekommen, steige ich als erster schnell die Leiter hinauf. Die anderen folgen langsam, denn sie kommen ja noch zeitig genug an die Arbeit. Und den Schluss bilden die Aufseher.

Oben komme ich an ein paar rauchenden Schiffern vorbei. Ihr glücklichen Menschen, denke ich, und eile weiter nach der anderen Seite des Schiffes. Die erste Tür, die ich treffe, reiße ich auf. Da sehe ich, wie die gegenüberliegende Tür auch geöffnet wird. Schnell schlage ich sie zu, eile weiter und öffne die zweite Tür. Da führt eine Treppe hinunter.

Auf dem Schiff

Schnell steige ich hinab und komme in den Heizraum. An einer Seite brennt eine qualmende Petroleumlampe und beleuchtet spärlich den Raum. Die andere Seite ist dunkel. Ich werfe mich in eine dunkle Ecke, danke Gott, dass Er mich bis hierher geführt hat, und bitte um weitere Leitung.

Bald darauf steigt jemand langsam die Treppe hinunter. Es ist ein junger Mann von etwa 35 Jahren, mittelgroß und mit breiten Schultern. Zwischen den Lippen hält er eine Pfeife, aus der er hin und wieder einen kräftigen Zug tut. Er summt leise ein Lied, geht ans Feuer, stochert mit einer langen Eisengabel darin herum, wirft Kohlen auf und verlässt den Raum wieder. Ich liege ganz still in der Ecke und beobachte ihn. Als er weg ist, flehe ich zu Gott, er möchte den Mann doch noch einmal schicken, wenn es Sein Wille sei, dass ich mich ihm offenbare, denn das ist eine gefährliche Sache. Wenn er mich verrät, bin ich verloren.

Nach kurzer Zeit kommt wieder jemand die Treppe herunter. Ich liege still in meiner dunklen Ecke und beobachte ihn. Es ist derselbe Mann von vorhin. Wieder geht er ans Feuer und wirft Kohlen auf. Dann schickt er sich an, um den Raum zu verlassen. Jetzt passt es, denke ich, erhebe mich und rufe ihn. Langsam und vorsichtig nähert sich der Unbekannte.

„Ich bin ein deutscher Lehrer, auf fünf Jahre in ein Konzentrationslager verbannt. Ist es möglich, dass ich mit Ihnen ins Ausland entfliehe?“, frage ich, als er näher kommt. Er zieht eine Taschenlaterne, beleuchtet mich von oben bis unten, leuchtet in alle Ecken und geht ab. Ich stehe in meiner Ecke und warte, was weiter kommen wird. Es dauert nicht lange, da kommt er wieder.

„Komm mit!“, sagt er leise zu mir. Ich folge. Er führt mich durch den Maschinenraum in den Schraubengang, da fragt er mich noch einmal über alles.

„Setzt dich hier hin und warte. Ich komme bald wieder, hier wird dich niemand finden.“

Er verlässt den Raum. Ich sitze auf einem Sack und warte. Nach einer Viertelstunde kommt er wieder.

„Nein, es geht nicht. Ich habe mit dem ersten Maschinist gesprochen und der sagt, das geht nicht. Der Schiri wird von der GPU auf der Kontrollstation abgesucht. Findet man dich, so wirst du erschossen. Auch ich, der ich dich versteckt habe, werde erschossen, und das Schiff darf nicht mehr nach Russland kommen“, – gibt er mir Bescheid.

Es kann doch aber nicht sein, dass jetzt noch alles verloren ist, denke ich und flehe wie ein kleines Kind, denn es gilt ja jetzt bei mir Leben oder Tod.

„Such dir hier ein Versteck, ich werde dich nicht verraten“, – sagt der Heizer schließlich und verlässt den Raum.

Ich setze mich hin und warte noch lange auf ihn, denn zweimal ist er schon gekommen. Vielleicht kommt er noch ein drittes Mal und zeigt mir ein Versteck, denke ich. Aber er kommt nicht mehr.

Leise stehe ich endlich auf und tappe mich den Schraubengang entlang ganz bis zum Ende des Schiffes. Da hat der Raum eine kleine Erweiterung. Wenn ich zur Seite gehe, bin ich nicht zu sehen, auch wenn der Gang beleuchtet wird. Da muss man schon den Gang entlang bis zu mir kommen, wenn man mich entdecken will. Es ist ein kalter, nasser Raum.

Froh, dass ich den Häschern bis jetzt entronnen bin, bleibe ich stehen. Sitzen kann ich hier nicht. Oben auf dem Schiff höre ich das Schreien und Fluchen meiner Kameraden. Wie froh bin ich, dass ich hier unten so ganz allein bin und das grässliche Fluchen bald nicht mehr zu hören brauche.

Es vergeht Stunde um Stunde. Die Zeit merke ich an der Sirene der Sägemühle, die alle vier Stunden ertönt, es ist kalt und ich friere. Dann mache ich Gymnastik und suche mich zu erwärmen. Zu essen habe ich nichts, außer drei kleinen Stückchen Zucker, die der Russe mir zum Abschied noch in die Hand drückte.

Nach 24 Stunden schlafe ich endlich, an der feuchten Schiffwand hängend, halb sitzend, halb stehend, vor Müdigkeit ein. Ich habe mich tief in den grauen Mantel gehüllt, die Mütze tief ins Gesicht heruntergezogen. So sitze oder richtiger hänge ich, zusammengekauert wie eine lichtscheue Eule, in meinem einsamen Versteck.

Plötzlich leuchtet mir jemand ins Gesicht. Erschrocken öffne ich die Augen. Es ist der Heizer, den ich am Tage vorher gesprochen habe. Er steht am Eingang zu meinem Versteck. Als er mich erblickt, dreht er sich um und sagt zu jemand, der hinter ihm steht und den ich nicht sehen kann: „Kannst schon gehen!". Der dreht still um und entfernt sich.

„So, hier bist du?", sagt der Heizer. „Ich habe dich schon überall gesucht. Hätte ich gewusst, wo du wärst, hätte ich dir schon zu essen gebracht. Gleich bringe ich dir heißen Kaffee."

Er verschwindet, kommt bald darauf mit einem großen Kupfertopf zurück, gießt mir guten heißen Kaffee in den großen Deckel und ich schlürfe mit Wohlbehagen das aromatische Nass. Wie fühle ich da neue Kraft und neuen Lebensmut durch meine Adern strömen!

Bald darauf kommt der Heizer wieder und wickelt zwei dicke Schnitten Weißbrot aus dem Papier.

„Wirst du das alles aufessen?"

„Gewiss, das esse ich alles auf!", antwortete ich mit leuchtenden Augen, „denn im Konzentrationslager sind wir ja immer hungrig, und ich habe jetzt schon 24 Stunden nichts gegessen."

„Pass auf, lass nichts übrig, keine Krümchen, damit man nichts merkt, wenn man dich findet!"

„Seien Sie ganz ruhig, ich esse alles auf und lasse nichts übrig."

„Ich werde dir von jetzt an täglich dreimal Essen bringen, aber pass auf, dass du mich nicht verrätst, wenn man dich findet!"

„Seien Sie ganz getrost, findet man mich, werde ich erschossen, dass weiß ich. Was würde es mir aber nützen, wenn ich Sie dann noch verraten würde? Ich werde Sie auf keinen Fall verraten."

„Ja, wer weiß, was du in deiner Todesangst tust. Du weißt dann vielleicht selbst nicht, was du sagst!"

„Seien Sie unbesorgt, ich verrate Sie nicht, wenn man mich findet."

Er geht ab und ich esse mein Brot. Schmeckt das aber vortrefflich! Noch nie in meinem Leben hat es mir so gut geschmeckt. Jetzt bin ich versorgt. Dreimal am Tag will der Heizer mir Essen bringen. Was will ich mehr? Oben höre ich das Schreien der Arbeiter und am nahen Ufer ertönt die Sirene der Sägenmühle.

Ab dann bringt der Heizer mir täglich dreimal Essen. Ich stehe noch 24 Stunden in dem nassen, kalten Raum. Dann soll das Schiff 18 Kilometer weiterfahren und mehr Holz laden. Von Zeit zu Zeit kommt der Heizer, um zu sehen, ob ich noch da sei.

„Ist niemand hier gewesen?", – fragt er jedes Mal.

„Nein", antworte ich.

„Die Miliz huscht draußen wie verrückt auf und ab. Wenn sie aber herkommen und dich finden, pass auf, dass du mich nicht verrätst!"

Ich suche ihn jedes Mal mit meiner Beteuerung, ich werde ihn nicht verraten, zu trösten.

Mich beunruhigt jetzt aber ein anderer Gedanke. Wie soll ich es in diesem nassen, kalten Raum noch länger aushalten? Ich kann ja weder sitzen noch liegen. Ich bin in den 48 Stunden schließlich so müde und schläfrig geworden, dass ich mich fast nicht mehr aufrecht halten kann. Auch friere ich entsetzlich. Meine Gymnastik und alle Energie wollen nichts mehr nützen.

„Bitte, zeigen Sie mir doch ein wärmeres Versteck, denn ich halte es hier nicht länger aus, hier muss ich umkommen!", – sage ich zum Heizer, als er wieder einmal angstvoll sehen kommt, ob ich noch da bin.

„Ja, du hättest dir eins suchen sollen. Ich habe dir ja überhaupt keins gezeigt."

„Ja, lieber Mann, ich kenne ja das Schiff nicht und Sie kennen es."

„Du hättest dir aber ein besseres Versteck suchen sollen", und damit geht er ab. Bald kommt er wieder.

„Komm mit, aber vorsichtig! Die Russen haben das Schiff alle verlassen und die Mannschaft isst Abendbrot."

Er geht voran mit seiner Taschenlampe und ich folge langsam. Im Heizraum zeigt er mir einen verschlungenen Eingang zu einem besseren Versteck.

„Klettere hier durch, dann wirst du rechts einen schmalen Zwischenraum zwischen zwei Wänden finden. Hier hast du eine alte Decke, die legst du auf ein Brett, das du dort finden wirst. Darauf kannst du dann liegen und schlafen. Dort wird dich niemand finden."

Über Heizgabeln, Spaten, alte Eimer und verschiedenes Gerümpel hinweg klettere ich durch den Eingang und finde das Versteck, wie der Heizer es beschrieben hat. Es ist ein schmaler Zwischenraum zwischen Süßwasserbehälter und Wand. Ich klemme das Brett zwischen die Wände, breite die Decke darauf und lege mich schlafen. Das Brett ist viel zu kurz. Ich suche einen alten Eimer aus dem Gerumpel und stelle ihn unter meine Füße. Bald bin ich fest eingeschlafen.

Plötzlich erwache ich von einer furchtbaren Hitze. Als ich mich aufraffe, bemerke ich eine drückende, schwüle Luft, die mir fast den Atem raubt. Wir sind 18 Kilometer weitergefahren. Dazu hatte man alle Feuer gut angeheizt. Im neuen Hafen angekommen, hat der Heizer alle Luftröhren geschlossen, damit die Wärme nicht entweiche, und ist schlafen gegangen. Daher die große Hitze und schlechte Luft. Hier kann ich nicht bleiben, hier muss ich ersticken!

Schnell eile ich in den Heizraum, um von dort wieder in den Schraubengang zu gehen, wo es kühl ist. Da bekomme ich die

Tür nicht auf, die zur Maschinenstube führt. Im Heizraum ist es nicht viel kühler. Ich bin im Nu in Schweiß gebadet. Schon steige ich die Treppe hinauf, um aufs Deck zu eilen. Aber nein, da würde mich die russische Wache entdecken, und es ist um mich geschehen. Ich muss wieder zurück in mein Versteck.

Ich eile zurück, setze mich auf mein Brett, lege den Kopf an die kühle Wand des Wasserbehälters und nehme alle Willenskraft zusammen, um nicht einzuschlafen. Aber immer wieder ertappe ich mich dabei, wie mir das Bewusstsein schwindet und ich einschlafe. Dann fahre ich jedes Mal jäh empor, suche mit aller Energie guten Gedanken zu folgen, male mir aus, wie schön es sein wird, wenn ich ganz frei sein und meine Familie wieder sehen werde, presse die heiße Stirn fester an die kühle Wand – und im nächsten Augenblick bin ich doch wieder halb bewusstlos.

Wie lange es so ging, weiß ich nicht, aber plötzlich ist die Luft besser und die Schwüle verschwunden. Es ist Morgen und der Heizer hat die Luftröhre geöffnet. Ich teile ihm später mit, dass ich fast erstickt sei, und seitdem schließt er die Luftröhre zur Nacht nicht mehr ab.

Noch vier Tage liegen wir im neuen Hafen. Jedes Mal, wenn die Schiffsmannschaft beim Essen ist, kommt der Heizer in den Raum und ruft leise in mein Versteck:

„Sluschaj (Höre)!“. Darauf stecke ich leise den Kopf hinaus, er überreicht mir mein Essen und ich verschwinde damit in meinem Versteck.

„Sluschaj!“, – ruft er nachher noch einmal und nimmt das leere Geschirr in Empfang. Zu jeder Mahlzeit bringt er mir das gleiche, was auch sie bekommen. So liege ich da vier Tage und vier Nächte in meinem warmen, aber engen Versteck.

Am vierten Tag abends kommt der Heizer zu mir ins Versteck mit einer Taschenlampe.

„Sobald der Kapitän da ist, fahren wir ab. Dann kommen wir nach einstündiger Fahrt zur Kontrollstation, wo das ganze Schiff von der GPU abgesucht wird. Das ist die gefährlichste Stelle. Wenn wir da durch sind, ist alle Gefahr vorüber, wenn man dich nicht findet. Aber da einmal unentdeckt durchzukommen ...“

Er sammelt alle Papierstücke, Streichholzer usw., damit nichts den Aufenthalt eines Menschen verraten könne. „Komm mit!", – sagt er dann und dringt weiter ins Versteck vor. Es geht noch weiter rechts, dann zeigt er mir den Eingang unter den Fußboden. Der Heizraum hat einen Doppelboden. Der erste lässt das Wasser durchsickern, mit welchem die Heizer die heiße Asche begießen. Im zweiten Boden bleibt es stehen und wird ins Meer gepumpt.

Der Heizer leuchtet in einen kleinen Zwischenraum zwischen den Böden. Man sieht nur Wasser und Asche. „Wenn wir erst abfahren, wartest du eine Stunde und kriechst dann hier hinunter, und zwar so weit wie möglich. Da bleibst du liegen, bis ich dir ein Zeichen gebe. Aber krieche auch weit genug! Es ist da wohl fürchterlich, aber besser, eine Stunde aushalten, als das Leben verlieren. Ich habe jetzt keine Wache und gehe schlafen. Auf Wiedersehen!"

Er dreht sich kurz um und geht ab. Bald setzt sich das Schiff in Bewegung. Ich warte noch etwa eine Stunde, dann höre ich die Sirene eines anderen Schiffes und wie unseres antwortet.

Jetzt kommen wir zur Kontrollstation, denke ich. Ich ziehe meinen Mantel aus, drehe ihn zusammen, schiebe ihn hinunter und krieche dann selbst nach, mit den Beinen voran. Auf dem Bauch kann ich soeben weiterrutschen. Ich mache es, wie der Heizer sagte, und krieche so weit wie nur möglich hinunter. Da liege ich in Wasser und Asche. Über mir schaufeln die Heizer Kohlen und begießen sie mit Wasser. Die Lauge fließt dann auf mich herunter. Jedes Mal, wenn so ein Eimer Meereswasser über mich ausgeschüttet wird, muss ich allen Willen zusammennehmen, um keinen Laut von mir zu geben.

Etwa eine Stunde mag ich da unten gelegen haben. Der Heizer ruft immer noch nicht. Länger aber halte ich es nicht aus und versuche zurück in mein überirdisches Versteck zu kriechen. O weh, ich finde den Ausgang nicht! Das Schiff ist groß, ich bin so weit gekrochen, und da unten ist's stockfinster.

Ob die Heizer, die nichts von mir wissen, mir am Ende in dieser Zeit mein Loch verschüttet haben? Dann muss ich hier jämmerlich umkommen. Wilde Angst überfällt mich. Ich denke an Schreien. Aber nein, nein, die Tschekisten sind am Ende noch auf dem Schiff und dann wäre ich verraten.

Ich beiße die Zähne zusammen und suche, in Wasser und Schlamm auf dem Bauche rutschend, nach dem Ausweg. Alles vergebens. Was soll ich tun? Ich bleibe ein paar Augenblicke ruhig liegen und schreie innerlich zu Gott. Als ich dann noch einmal Umschau halte, kommt es mir so vor, das eine Stelle etwas heller sei. Ich rutsche langsam hin – und Gott sei Dank, es ist der Ausgang! Behutsam krieche ich in mein überirdisches Versteck zurück. Meine Kleider triefen von Wasser und Asche. Ich ziehe sie aus, hänge sie etwas an die warme Heizwand und ziehe sie dann wieder an. Dann setze ich mich an den Eingang, um jeden Augenblick bereit zu sein hinunterzurutschen, denn ich weiß ja noch nicht, ob wir schon durch die Kontrollstation durch sind, weil der Heizer noch immer nicht gerufen hat.

„Jetzt kommen wir zur Kontrolle!", – schreit plötzlich der Heizer. Wir sind also noch nicht da gewesen und anstatt einer dauert es zwei Stunden, bis wir hinkommen. Und ich bin bis jetzt unnötig untergekrochen. Noch einmal krieche ich da nicht hinunter, nehme ich mir vor. Wenn die Tschekisten mein Versteck hier aufstöbern wollen, müssen sie erst über verschiedenes Gerät und Gerumpel kriechen, um hierher zu kommen, denn der Heizer hat den Eingang zu meinem Versteck damit verbarrikadiert.

Ich setze mich an den Eingang des unterirdischen Verstecks und warte der Dinge, die kommen werden. Ein fremdes Schiff pfeift, unseres antwortet und stoppt gleich darauf.

Alles wird still, denn der Kapitän und die ganze Mannschaft müssen sich da auf Deck versammeln, wo ihre Pässe nachgesehen werden. Auf einmal höre ich, wie ein paar Mann die Treppe herunter in den Heizraum kommen. Sie sprechen russisch miteinander. Es sind die Tschekisten. Sie gehen im Heizraum auf und ab und suchen. Dann wird´s wieder still. Nach einer halben Stunde höre ich die Heizer wieder schaufeln, und mir kommt es so vor, als ob das Schiff sich wieder bewegt.

Gott sei Dank, jetzt bist du gerettet, denke ich, bleibe aber noch am Eingang des Loches sitzen, denn der Heizer hat mir noch kein Zeichen gegeben. Und daher weiß ich immer noch nicht bestimmt, ob die Gefahr schon vorüber ist.

Plötzlich fällt Licht in meinen verschlungenen Eingang. Was ist denn das? Jetzt kommen die Kerle doch noch, denke ich und krieche so schnell wie nur möglich wieder hinunter. Ich komme jedoch nicht weit, denn das Licht kommt auffalend schnell näher. Jetzt leuchtet jemand mit der Laterne zu mir herunter. Ich liege an der rechten Seite im Dunkeln. Wenn er nicht rechts leuchten wird, dann sieht er mich nicht, denke ich, und im gleichen Augenblick schwenkt er mit seiner Laterne rechts und leuchtet mir gerade ins Gesicht. Ich zittere am ganzen Körper und warte nur auf die Worte: „A nuka, towarisch, wylesaj (Nun, Genosse, komm mal hervor!) !" Es ist mein Ende! Mir wird schwarz vor den Augen.

Der Mann mit der Laterne bückt sich, schaut zu mir herunter und – es ist der Heizer!

„Komm hervor! Die Teufel sind fort. Die haben aber gesucht! Fünfmal zählten sie uns da oben durch, liefen wieder auseinander und suchten. Aber Gott sei Dank, sie haben dich nicht gefunden! Jetzt ist alle Gefahr vorüber und du bist gerettet!"

Mit einem Seufzer der Erleichterung krieche ich hervor. Der kalte Angstschweiß steht mir auf der Stirn. Lange noch kann ich nichts sagen vor Aufregung, so hat mich das Licht des Heizers erschreckt. Ich dachte immer, er würde rufen, er aber hat sehen wollen, ob ich mich auch gut versteckt hatte. Er wollte mit der Laterne mir zum Herauskriechen leuchten, dazu hatte er die Laterne mitgenommen.

„Komm mit in den Heizraum, denn jetzt ist die Gefahr vorüber und du darfst dich bei uns im Heizraum aufhalten. Nur schlafen musst du noch in deinem Versteck, bis der eine Kohlenbunker leer ist, dann kannst du da schlafen. Nur dem Kapitän und dem ersten Steuermann darfst du dich nicht zeigen, denn der letzterer ist ein Feind des Kapitäns und meldet es ihm gleich, wenn er dich zu sehen bekommt. Er sucht überall Gelegenheit und Ursache, dem Kapitän eins auszuwischen, weil er selbst Kapitän werden möchte. Und wenn der Kapitän deine Anwesenheit erfährt, muss er dich in England der Polizei ausliefern, und die schickt dich ohne viel Federlesen zurück nach Russland."

Im Heizraum macht mich der Heizer mit seinem Gehilfen Hermann bekannt. Es ist ein junger sympathischer Bursche von 24 Jahren, der sich auch sehr über meine Rettung freut.

„Geh, hol etwas zu essen!", – befiehlt Fritz, mein Beschützer, ihm.

„Gleich!" ist die Antwort und bald darauf kommt er mit dem Essen zurück. Meine Nerven beruhigen sich nach dem Essen auch etwas.

Seitdem arbeite ich immer für den Heizer, wenn er seine Wache hat. Ich kann ja seine Arbeit nicht ausführen, helfe ihm aber Kohlen und Asche schaufeln. Zum Schlafen verschwinde ich noch jedes Mal in meinem Fuchsloch. Ich mache auch nach und nach mit allen Heizern und auch mit den Maschinisten Bekanntschaft.

* * *

Wir fahren an der Murmanskküste entlang und dann durch die Schären Norwegens. Nur hin und wieder darf ich einen Blick hinaus in die malerische Gegend tun. Es ist, als ob wir in einem breiten Strom fahren, der von beiden Seiten von hohen Bergen eingerahmt ist. Die Gipfel der Berge sind noch weiß, unten am Strand stehen die schönen farbigen norwegischen Fischerhäuschen. Ich kann mich an der reizenden Landschaft gar nicht satt sehen, aber ich darf jedes Mal nur ein paar Augenblicke hinauslugen, damit ja nicht der Kapitän oder gar sein gestrenger Gehilfe mich erblickt.

Elf Tage dauert unsere Reise von Archangelsk bis England. So lebe ich auf dem Schiff unten im Heizraum fast drei Wochen lang. An Essen und Trinken fehlt es mir nicht. Nachts, wenn Fritzens Wache beendet ist, wasche ich mich gewöhnlich mit warmem Wasser ab, plaudere noch ein oder zwei Stündchen mit den Heizern und Maschinisten und begebe mich dann in den Kohlenbunker zur Ruhe. Da habe ich zwei breite Eisenplanken auf einen Klotz gelegt und ich kann endlich einmal wieder meine Glieder ausstrecken. Meine Schlafkammer ist nicht die angenehmste, mein Bett mit der dünnen Decke auf den harten Eisenplanken nicht das weichste, aber es ist kein Konzentrationslager mehr und ich bin überglücklich.

Ich werde nicht mehr Tag und Nacht in Regen, Schnee und Schmutz zur Arbeit gehetzt, ich brauche nicht mehr in überfüllten, schmutztriefenden Baracken in dicker Luft und unter Läusen und Wanzen schlafen. Die Tschekisten mit ihren Flinten sind weg und ich bin frei, frei, frei!!!

Immer näher kommen wir nach England. Es gibt wieder dunkle Nächte, die so wohltuend auf die Nerven wirken. Es ist kein Vergleich zu den hellen Nächten im hohen Norden.

Endlich scheidet uns nur noch eine Nacht von unserem Ziel. Ich wasche noch einmal meine Wäsche und gebe sie zur Aufbewahrung in die Heizerkajüte. Wir fahren schon an Englands Küste entlang. Nach Mitternacht geht der Heizer mit mir auf Deck und zeigt mir die Küste von England, die uns mit ihren Lichtern und Leuchttürmen so freundlich winkt. Langsam und leise durchschneidet unser Dampfer die Meereswogen. Über uns ist der klare Himmel mit seinen tausend Sternen, rechts die Lichter von England und unter uns die tiefe, leicht wogende, dunkle See. Traumverloren stehe ich an Bord und schaue in die dunkle Nacht hinein.

Was wirst du mir bringen, du neue Welt? Hinter mir sind die düsteren Gefängnisse Moskaus, das schauerliche Konzentrationslager bei Archangelsk mit all den Schrecken und dem Grauen der Millionen, die zum Tode verurteil sind. Vor mir liegt Englands Küste und – die Freiheit. Wirklich Freiheit? Bin ich denn schon frei? Ich habe doch keinen Fetzen Papier, keinen Ausweis bei mir. Und wie wird es mir, dem Beraubten, dem Vertriebenen, dem Rechtlosen in England ergehen? Wie ein Vagabund, ohne Kleider, ohne Geld, ohne Papier, in schmutzigen Lumpen, komme ich nach England. Was werden die Engländer mit mir machen? „Frei! Frei! Frei!“, – jubelt meine Brust und alle schwarzen Gedanken werfe ich ins dunkle, tiefe Meer

„Wir werden dich verbannen, wir werden auch deine Frau und dein Kind verbannen!“, – höre ich das kalte, ironische Lachen des Tschekisten.

Ach Gott, nein, nein, das kann, das soll nicht sein! Was nützte mir meine Freiheit, wenn sie, die Armen, jetzt irgendwo im hohen Norden unter der Knute der Tschekisten und der Last des Blutholzes ächzten und stöhnten? Der eine schreckliche Gedanke an diese Möglichkeit schnürt mir die Kehle zu.

„Komm herunter!“, – mahnt der Heizer und reißt mich aus meinen Träumereien.

Der Morgen bricht an. Wir kommen in den Hafen. Fritz gibt mir Verhaltungsmaßregeln für die englische Polizei und lässt mich dann allein. Im Waschraum der Heizer nehme ich ein Bad, ziehe meine reine Wäsche an, werfe mein letztes, verlaustes Hemd über Bord und räume so mit dem Nest der Lagerläuse auf.

Fast drei Wochen habe ich unten im Heizraum in Kohlenstaub und Schmutz zugebracht, aber die guten Heizer waren wie Brüder zu mir. Jetzt sind sie alle an Land gegangen und ich bin allein in der Kabine. Sie haben mich versorgt wie einen Bruder. Besonders Fritz, mein Beschützer, hat viel, sehr viel für mich getan und mich betreut. Er hat es so gemacht, wie der barmherzige Samariter sich über den, der unter die Mörder gelassen war, erbarmt hat. Gott möge es ihm vergelten, dem guten, braven Kerl!

Ich bin in England, und meine Frau und mein Kind sind in Russland geblieben. Sie ahnen wahrscheinlich gar nicht, wie es mir geht und wo ich bin. Auch ich habe noch keine Nachricht von ihnen erhalten und weiß nicht einmal ihren Aufenthalt. Aber ich traue auf den himmlischen Vater und glaube zuversichtlich, dass Er für sie sorgen wird.

In England

Es ist Dienstag, der 1. Juli 193..., um acht Uhr abends. Ich sitze im Gefängnis in Hull. Gestern Abend, als „wir Heizer" alle beisammen sitzen und den Schlachtplan für heute beraten, kommt plötzlich der erste Maschinist herein und sagt zu mir:

„Gerhard, du bist verraten, komm einmal zum Kapitän, denn er hat Wind bekommen."

Wir haben gerade Abendbrot gegessen. Ich stehe am Tisch und wasche ab. Dann trage ich das Wasser hinaus und gieße es über Bord. Da ruft von vorne ein Herr:

„Kommen Sie einmal ein bisschen zu mir, aber schnell!" – Es ist der Kapitän.

„Gleich", antworte ich, eile zurück in die Kajüte, ziehe mein russisches Oberhemd und Schuhe an und eile zum Kapitän.

Er ist verdrießlich und nervös.

„Wann und wo sind Sie an Bord gekommen?", fragt er barsch.

In kurzen Worten erzähle ich ihm meine Verhaftung, Verbannung und Flucht. Sein Gesicht wird immer freundlicher und zuletzt fragt er:

„Wo waren Sie, als die GPU das Schiff absuchte?"

„Ich hatte mich im Kohlenbunker versteckt."

„Wissen Sie auch, was mit Ihnen geworden wäre, wenn man Sie gefunden hätte?"

„Man hätte mich ohne weiteres erschossen."

„Ja, das hätte man. Wie heißen Sie?"
„Gerhard Fast."
„Ihr Name ist deutsch. – Hat man Ihnen auch zu essen gegeben?
„Ja, ich habe immer was bekommen." Er ist darüber sichtlich befriedigt und fragt nicht weiter danach.
„Was wollen Sie denn jetzt weiter machen?"
„Ich möchte zuerst einmal nach Deutschland und dann nach Kanada."
„Haben Sie Geld?"
„23 russische Rubel."
„Das ist ja nichts, dafür gibt Ihnen hier kein Mensch etwas. Wir müssen morgen einmal nach Hull fahren und sehen, was sich machen lässt."
Mir ist es recht, denn nun komme ich wenigstens an die Öffentlichkeit und alles geht seinen gesetzlichen Weg. Ich sehe den Weg, den ich jetzt gehen soll, als eine Erhörung Gottes auf meine Gebete. Vor der englischen Regierung fürchte ich mich nicht. Im Gegenteil, ich habe das größte Zutrauen zu ihr und hoffe fest, sie wird einen armen Menschen, der um seines Glaubens willen in Russland zur physischen Vernichtung verurteilt wurde und dann nach England flüchtete, nicht ausweisen.
„Haben Sie andere Kleider?", fragt der Kapitän mich, meine Verbannungskleider musternd.
„Nein, aber morgen werde ich andere Kleider haben."
„Wo wollen Sie die hernehmen?"
„Das weiß ich nicht, aber morgen erscheine ich in anderen Kleidern", – antworte ich zuversichtlich.
„Gut, dann kommen Sie morgen zu neun Uhr."
„Nun, was sagt der Olle?", – bestürmen mich in der Kabine die Heizer, als ich vom Kapitän komme.
Ich erzähle ihnen kurz meine Unterhaltung mit dem Kapitän.
Fritz seufzt erleichtert auf, als er hört, dass ich ihn nicht verraten habe.

* * *

„Jetzt gilt's den Kerl anders anzuziehen", sagen die Heizer und es geht los. Der eine gibt mir einen Sakko, der andere ein Hemd, der dritte verkauft mir für russisches Geld eine nagelneue blaue Matrosenhose. Sie ist mir zwar viel zu lang, aber er näht sie unten um und so geht es. Der vierte gibt mir ein Taschentuch und eine Krawatte.

Plötzlich geht die Tür auf und herein kommt der zweite Steuermann mit einem Buch unter dem Arm. Ich erkenne ihn auf den ersten Blick. Er ist der Herr, mit dem ich zum ersten Mal in Archangelsk draußen bei der Holzannahme wegen meiner Flucht sprach. Das Schiff, mit welchem ich nach England geflohen bin, war also dasselbe, welches zwei Tage nach jenem Gespräch Archangelsk verlassen hatte. Ich frage aber nichts und will sehen, ob der Herr mich erkennen wird. Er fragt nach meinem Namen, Geburtsort und Geburtsdatum, ob ich in Deutschland Verwandte oder Bekannte habe, und trägt alles ins Buch ein. Dann sieht er mich prüfend an und fragt:

„Sind Sie der Mann, der mit mir in Archangelsk sprach?"

„Ja, der bin ich."

Er besieht mich im Profil und sagt:

„Ja, Sie sind es. Damals hatten Sie einen Bart und sahen anders aus."

Am anderen Tag begleitet er mich bis zum Bahnhof. Ich freue mich sehr, dass ich diesen Herrn noch einmal zu sehen bekommen habe, denn jetzt weiß ich doch, dass mein Rettungsschiff jenes erste deutsche Schiff war, welches ich in Archangelsk gesehen habe. Es hatte Archangelsk damals verlassen, war in einen anderen Hafen gegangen und kehrte dann wieder an den Ladeplatz bei unserem Konzentrationslager zurück.

Am nächsten Morgen ziehe ich meine neuen Kleider an und gehe zum Kapitän. Dieser steht oben auf der Kommandobrücke. Ich grüße ihn. Als er mich in meiner bunten Tracht sieht, ruft er lachend aus: „Ja, wahrlich, jetzt sehen Sie anders aus!"

* * *

Wir fahren nach Hull, wo der Kapitän beim deutschen Konsul um Rat fragt, was mit mir zu tun sei. Man schickt mich ins Emigrantenoffice, und der Kapitän und Sekretär des Konsuls begleiten mich. Dort verhört man mich, schreibt sich die Adresse meines Onkels, Johann Schmidt, in Kanada auf und gibt mir meinen ersten Ausweis, welcher besagt, dass ich als blinder Passagier nach England gekommen bin. Dann telefoniert man und bald darauf erscheint ein Polizist in Zivilbekleidung und fragt mich höflich, ob ich mitkommen wolle, was ich selbstverständlich bejahe. Er führt mich noch erst ins Deutsche Konsulat, wo ich vom Kapitän Abschied nehme.

Jetzt geht's aufs Polizeibüro. Da gibt man mir ein gutes Mittagessen und behandelt mich sehr freundlich. Ich kann fast nicht glauben, dass ich unter Polizisten bin. Ich frage gleich als erstes, ob man mich nach Russland zurückschicken wird. Darauf erwidert man mir: „Sie kommen von England nach Kanada, denn nach Russland schicken wir Sie nicht zurück."

Ich atme erleichtert auf, denn alles andere, nur nicht zurück nach Russland, nach dem schaurigen, schrecklichen Land der GPU.

Von der Polizei komme ich in ein Gefängnis, wo die Gefangenen meistens nur einen Tag bleiben. Dort treffe ich zwei deutsche Matrosen. Sie haben nachts in der Stadt getrunken und ihr Schiff verpasst, wurden von der Polizei aufgefangen und eingesperrt. Als sie mein Schicksal erfahren, sagt der älteste, ein Mann von 50 Jahren:

„Wir bekommen in der nächsten Stunde vom Konsul einen Ausweis und fahren dann mit einem anderen Schiff nach Hamburg. Schreiben Sie doch schnell etwas und wir nehmen es mit nach Deutschland."

Ich reiße aus meinem Notizbuch ein Blatt Papier heraus und schreibe in kurzen Stichworten, wer ich bin und wo ich geboren und wie ich nach England gekommen bin. Ich erwähne auch, dass ich in Deutschland einen ehemaligen Schulkameraden und Kollegen habe, der dort jetzt irgendwo Lehrer sei, aber ich wisse seine Adresse nicht.

Der Matrose steckt das Papier zu sich und verspricht, es in Hamburg abzugeben. Nach einem Monat bekomme ich Antwort von meinem Kollegen in Deutschland, mein Brief hatte ihn erreicht. Es ist Dr. W. Quiring.

Im Polizeigewahrsam bin ich eine Woche. Dann bringt man mich ins Staatsgefängnis. Als ich dort am ersten Morgen aufstehe und die Türen unserer Zellen zum Spaziergang geöffnet werden, sehe ich neben meiner Zelle eine Tafel mit meinem Namen. Ich lese und schaue nach, ob mein Nachbar auch solche Tafel hat. Da er eine hat, gehe ich hin und lese, was auf seiner Tafel steht. Er kommt zu mir und beobachtet mich.

„Ich bin kein Engländer", sage ich zu ihm.

„A ja russkij (Und ich bin ein Russe)!", antwortet er in russischer Sprache. „Welches Schicksal hat Sie hierher geführt?"

Ein Russe ... und hier im Gefängnis ... Ob das nicht ein Kommunist ist?, denke ich und rede nur auf Deutsch zu ihm, als ob ich nicht Russisch kann. Aber immer, wenn er mich sieht, fängt er erregt mit seinen Fragen an, wie ich nach England gekommen sei.

Schließlich erzähle ich ihm, ich sei auf der Reise zu meinem Onkel in Amerika, habe aber keinen Pass, deswegen habe man mich hier in England festgenommen. Sobald ich meinen Pass habe, werde ich weiterreisen.

Darauf erzählt er mir kurz seine und Ivans, seines Freundes, Geschichte.

Sie sind Ukrainer, wurden mit ihren Vätern verhaftet, saßen ein halbes Jahr in den Gefängnissen der GPU und wurden dann in die Urwälder von Archangelsk verbannt, wo sie unter schrecklichen Verhältnissen Holz fällen mussten. Im Frühling verbannte man sie weiter in ein Konzentrationslager bei Archangelsk. Sie mussten auch Holz auf die ausländischen Schiffe verladen. Da versteckten sie sich in den Lucken und flohen. Sechs Tage waren sie da unten in den Lucken auf hoher See. Sie hatten sich vorher Brot, Konserven und ein paar Flaschen Wasser im Holz versteckt. Sie bekamen da unten aber die Seekrankheit, das Wasser ging zu Ende und sie waren dem Verschmachten nahe.

Der Ältere wollte durch das Luftrohr hinauskriechen, sein Kamerad Ivan aber meinte:

„Ach, lass sein, wir müssen doch umkommen, wir wollen hier schon sterben."

Jener aber nahm alle Kraft zusammen und kletterte durchs Luftrohr hinaus. Er wurde von den Matrosen gefunden. Als der Kapitän ihn sah, schimpfte er, aber die Matrosen brachten ihm zu trinken und zu essen. Dann gab er ihnen kurz durch ein Zeichen zu verstehen, dass in der Luke noch einer sei, und man holte auch den heraus.

Von da an arbeiteten sie auf dem Schiff, bis sie nach England kamen, wo sie von der Polizei abgeholt und ins Gefängnis gesteckt wurden.

Als ich ihre Geschichte erfahren habe, halte ich auch nicht länger zurück und sage: „Ich bin auch ein Verbannter und aus dem Konzentrationslager in Archangelsk geflohen", und ich erzähle ihnen meine Geschichte.

Die armen Russen wissen gar nicht, was man mit ihnen tun wird. Wenn sie die Aufseher fragen, bekommen zur Antwort, man werde sie mit dem nächsten russischen Schiff zurückschicken. Das wäre ja ihr sicherer Tod. Und der arme schüchterne Ivan kann nachts vor Angst fast nicht schlafen. Ich rate ihnen schließlich, ein Bittgesuch aufzustellen, in welchem sie der englischen Regierung kurz klarlegen, warum sie aus Russland geflohen sind und bitten, man möchte sie doch nicht zurück in den sicheren Tod schicken.

Jeder Gefangene hat eine Schiefertafel in seiner Zelle. Die Russen schreiben ihr Bittgesuch in russischer Sprache auf die Schiefertafel, ich übersetze es ins Deutsche, sie unterschreiben das Gesuch und reichen es ein.

Zwei Wochen später werden sie freigelassen und bald darauf darf auch ich das Gefängnis verlassen, in dem ich mich wie in einem erstklassigen Hotel gefühlt habe im Vergleich zu Russlands Gefängnissen und dem Konzentrationslager.

Nach Deutschland

Es ist der 30. August 193...

Meine Reisekoffer sind für die Reise nach Deutschland gepackt. Gestern, als ich einen Brief schrieb, kam plötzlich der Sekretär des Deutschen Konsulats und teilte mir mit, dass ich heute noch nach Deutschland fahren dürfe, wenn ich wolle, denn Kanada sei gesperrt und nehme keine Emigranten mehr auf.

„Ich will!", – sage ich und bald darauf sind wir beim Deutschen Konsulat, wo noch das Letzte zur Abfahrt geregelt wird. Dann überreicht mir der Herr Konsul noch eine Fahrkarte für den Dampfer „Schwalbe", ich bedanke mich herzlich bei ihm für alle Liebe und Mühewaltungen und nehme Abschied von ihm.

„Schwalbe". – So heißt der Dampfer, auf dem ich stehe. Als ich hier an Bord dem Kapitän vorgestellt werde, sagt er erfreut:

„Sie sind aus Russland? Ich war auch in Russland."

„Wo waren Sie da, wenn ich fragen darf?"

„Ich war ein paar Jahre als Kriegsgefangener in Pretoria in der Knabenmittelschule."

„In Orenburg?"

„Ja, in Orenburg,"

„Was, wirklich in Orenburg, in Pretoria? Das ist die Schule, die ich vor 19 Jahren beendet habe. Dann ging ich nach Sibirien und bin nicht mehr in jene Gegend gekommen. Kennen Sie auch den Fluss Gussicha und die deutschen Dörfer daran?"

„Gewiss, gewiss, wie sollte ich den schönen Fluss nicht kennen? Haben wir Kriegsgefangene doch genug an demselben geangelt. Auch die Dörfer Tschornoje Osero (Schwarzer See) und Kamyschowoje (Schilfdorf) kenne ich gut, denn da sind wir auch oft gewesen."

„Was Sie da sagen! – Kamyschowoje ist ja das Dorf, wo wir wohnten und wo ich meine Knabenzeit verlebt habe."

Nun gibt es viel zu erzählen, denn wir finden mehrere gemeinsame Bekannte. Wie tauchen da die Erinnerungen an meine Schulzeit wieder in mir auf! Orenburg mit seinen Bergen, Tälern und Flüssen ... Die Wiege in meinem Elternhaus, wie liegst du so weit, weit hinter mir! Und doch ist's mir, als sehe ich dich heute noch vor mir liegen, du trautes Tal der Gusicha, wo ich zehn Jahre die Schule besuchte und meine Knabenzeit verlebte.

„Schwalbe." Sie schaukelt und wiegt sich leise auf den Wellen. Wir haben England verlassen und steuern Deutschland zu. Ich habe eine Kajüte zweiter Klasse und reise jetzt unter ganz anderen Verhältnissen als vor zwei Monaten von Archangelsk nach England. Jetzt fahre ich als freier Mann durch Gottes wunderbare Führung nach Deutschland, und nur in Träumen quält mich noch die Erinnerung an die durchlebte Not.

„Schwalbe." Heute ist Montag, der 1. September 193... Schon die ganze Nacht fahren wir auf der Elbe. Links zieht sich ein schönes, malerisches Ufer vorbei und die Lichter von Blankenese leuchten wie aus einem Zauberland. Jetzt bin ich also in Deutschland, in dem Land, von dem ich so viel gelesen habe, dem Land Schillers und Goethes, dem Land meiner Vorfahren! Welch ein Gefühl, dieses Land, den Traum meiner Jugend, jetzt zu sehen! Wir sind da, und gleich laufen wir vor Anker in Hamburg. Lichter blinken uns schon entgegen. Grüß Gott, du altes deutsches Vaterland!

* * *

Mit Sonnenuntergang komme ich nach Mölln ins Flüchtlingslager.

Am nächsten Abend ist im großen Andachtssaal des Lagers eine Abschiedsfeier, denn eine Gruppe von Flüchtlingen verlässt Deutschland, um in Brasilien eine neue Heimat zu finden. Am Schluss der Feier singen die Sänger das Lied von H. von Redern:

Weiß ich den Weg auch nicht, Du weißt ihn wohl,
das macht die Seele still und friedevoll.
Ist's doch umsonst, dass ich mich sorgend müh',
dass ängstlich schlägt mein Herz, sei's spät, sei's früh.

Du weißt den Weg ja doch, Du weißt die Zeit,
Dein Plan ist fertig schon und liegt bereit.
Ich preise Dich für Deiner Liebe Macht,
ich rühm' die Gnade, die mir Heil gebracht.

Du weißt, woher der Wind so stürmisch weht,
und Du gebietest ihm, kommst nie zu spät.
Drum wart' ich still, Dein Wort ist ohne Trug,
Du weißt den Weg für mich, das ist genug.

Es macht einen tiefen, unaussprechlichen Eindruck auf mich. Weiß ich auch nicht, wo meine Familie jetzt ist, Er weiß es wohl und kennt den Weg, den auch sie zu gehen hat.

Auf diesem Abschiedsfest ist auch eine Frau Töws, deren Mann mit mir zusammen in Russland in der Butyrki saß, wenn auch nicht in einer Kammer. Er wurde auch als ehemaliger Lehrer und Prediger der Konterrevolution beschuldigt und auf fünf Jahre nach dem hohen Norden verbannt. Seine Frau ging nach Brasilien und er selbst ist im Norden in der Verbannung gestorben. Von ihm kommt das Gedicht „Im Schmelztiegel" am Anfang dieses Buches.

Gott sei vielmals Lob und Dank, ich habe Nachricht von meiner Familie! Heute Morgen kommt der Briefträger herein und überreicht mir folgende Karte:

„Lieber Gerhard!

Deinen Brief vom 13. August haben wir heute erhalten. Jetzt sind wir froh. So viel, wie Deine Frau früher geweint hat, so groß ist auch die Freude.

Lieber Gerhard, um uns und deine Familie sei nicht besorgt. Deine Familie ist gesund. Dein Junge geht in die Schule. Wie sind wir so froh, wie sind wir so froh! Trauere nicht, alles wird gut werden.

Sei herzlich gegrüßt von allen, allen Deinen!"

Eine kurze, aber inhaltsvolle Karte. Meine Familie ist also geborgen und nicht verbannt worden, wie ich befürchtete und wie man mir in Moskau sagte. Nicht umsonst habe ich sie meinem Gott anvertraut. Er hat für sie gesorgt und sie in Seine Obhut genommen. Wie froh, wie glücklich bin ich! Ein halbes Jahr nichts von ihnen gehört und jetzt solche gute Nachricht. Wie dankbar bin ich unserem Herrn und Vater dafür!

Aber mit dem Dank verbindet sich gleich wieder die neue Bitte um Schutz und Bewahrung meiner Familie vor den Argusaugen des GPU, denn ist die bis jetzt auch verschont geblieben, so ist sie immerhin noch in Sowjetrussland und daher in großer Gefahr. Ich hoffe aber zuversichtlich auf weitere Bewahrung und Schutz und auf ein frohes, glückliches Wiedersehen.

Durch Nacht zum Licht

Drei Wochen wartete meine Familie vor Moskau noch auf meine Heimkehr aus dem Gefängnis, denn der Tschekist, der mich verhaftete, hatte ja meiner Frau versichert, ich wäre in zwei Tagen wieder zurück. Eines Tages kamen GPU-Männer zu ihr und sagten, sie solle in 48 Stunden Moskau verlassen. Was sollte sie tun? Ich würde wohl nicht mehr zurückkehren, sondern verbannt werden, wie all die anderen. Wollte sie mit unserem Jungen nicht auch verbannt werden, musste sie in 48 Stunden Moskau verlassen. Sie machte sich bereit und zog zu einem Verwandten, der sie ein halbes Jahr unterhielt. Dann fuhr sie zurück in unsere Heimat, wo sie ein Jahr bei meinem jüngsten Bruder wohnte.

Im Frühling darauf ging wieder eine große Verbannungswelle durch ganz Russland. Man hatte den Armen schon vorher alles genommen, viele aber wohnten noch in ihren leeren Häusern. Das Elend von 1930, wo man viele Hunderttausende von Bauern entkulakisiert, d. h. ausgeplündert und in den hohen Norden verbannt hatte, begann von neuem.

Es war an einem Sonntag. Es hatte eine wichtige Dorfversammlung stattgefunden. Genosse Schnegelberger, der Kreisvorsitzende – ein Kommunist aus Deutschland – hatte sie abgehalten. Etwas Besonderes lag in der Luft und eine gewisse Schwüle, wie vor hereinbrechenden Gewittern, lastete auf den Gemütern der Bauern. Was würde der schreckliche Schnegelberger wieder anrichten? Da trat meine Schwägerin ins Zimmer und sagte zu meiner Frau:

„Der Schnegelberger ist aus dem Kreis gekommen und es scheint so, als ob er mehr Kulaken machen will!"

Sie warfen einen Blick auf die Strasse und schrien entsetzt auf. Vier Männer – Genosse Schnegelberger in der Mitte – kamen die Straße entlang. Mit großen Augen und blutleeren Lippen starrte alles auf die Straße und verfolgte jede Bewegung der gefürchteten vier Männer. Bei wem werden sie einkehren? Alle wussten, sie brachten Tod und Verderben.

„Ach, jetzt biegen sie bei unseren Eltern ein!", – schrie meine Frau.

„Nein, Gott sei Dank, sie gehen vorüber", – kam es wie eine Erleichterung aus ihrer Brust.

„Lisa, sie kommen zu uns, sie biegen auf unseren Hof! Ach, was wird es jetzt geben?"

Schnell raffte diese ihre Papiere und meine Briefe zusammen, eilte zu einer Hintertür hinaus und versteckt sie draußen. Dann kam sie zurück und hörte schon die Frage Schnegelbergers:

„Wohnt Frau Fast hier?"

„Ja."

„Wo ist sie?"

„Sie ging eben hinaus. – Da kommt sie schon."

„Sind Sie Frau Fast?"

„Jawohl"

„Zeigen Sie uns einmal alles, was Sie haben."

„Ich soll Ihnen zeigen, was ich habe? Ich habe gar nichts mehr."

„Wie, Sie haben nichts? Aber das Bett ist doch Ihres, denn Sie müssen doch irgendwo schlafen? - Er zeigt auf ein Bett im Zimmer.

„Nein, ich schlafe wohl auf dem Bett, es gehört aber meinem Schwager, bei dem ich wohne, denn ich habe keins. Sie wissen, ich bin erst kürzlich von Moskau gekommen und habe nichts mehr. Das Wenige, das wir noch hatten, musste ich in Moskau zurücklassen, und mein Mann ist auch fort."

„Aber jene Koffer sind doch Ihre, denn sie sind aus Moskau, wie ich sehe!"

„Der eine gehört mir, der andere dem Schwager, der auch in Moskau war."

„Öffnen Sie einmal den Koffer!"

Der Befehl wurde befolgt. Der Koffer enthielt nur ein paar Kleidungsstücke. Das ganze „Vermögen" wurde zu Papier gebracht und meine Frau musste unterschreiben, dass sie sonst nichts mehr hätte.

Als sie mit dem Aufschreiben fertig waren, standen sie auf und Genosse Schnegelberger sagte mit erhobener Stimme:

„Frau Fast, machen Sie sich bereit, in 24 Stunden werden Sie mit Ihrem Jungen in den hohen Norden Sibiriens verbannt. Hier, unterschreiben Sie, dass Sie in dieser Zeit das Dorf nicht verlassen werden."

Mit zitternder Hand schrieb sie ihren Namen unter das hingehaltene Papier.

„Auf Wiedersehen, Frau Fast", – sagte Schnegelberger mit höhnischem Blick und verließ mit den anderen das Zimmer, um sein Henkersamt weiter auszurichten.

Dasselbe wiederholte sich noch in anderen Familien. Alle sollten verbannt werden. Wohin, das wussten sie nicht, aber in den hohen Norden Sibiriens, das stand fest. Aus jedem Dorf sollten vier, fünf und mehr Familien verbannt werden. Es waren die so genannten Kulaken. Sie waren bettelarm, denn die Regierung hatte ihnen ja schon vorher alles genommen. Die Zurückgebliebenen sammelten Mehl, Eier und Butter, damit die Armen sich doch etwas backen konnten für die lange, schwere Reise.

Die armen Frauen und Mütter backten ihr letztes Brot in ihrer Heimat. Viele hatten keinen Mann mehr, denn dieser schmachtete schon monatelang in den Kerkern der GPU oder in der Verbannung. Ihre mageren, blassen Kinderchen umringten immer wieder die arme Mutter am Backtrog und bestürmten sie mit Fragen:

„Mutti, kommen wir jetzt zu Papa? Werden wir ihn in der Verbannung finden? Wird er auch da sein, wo wir hinkommen?"

„Ich weiß es nicht, Kinder, geht nur spielen."

Als sie draußen waren, liefen ein paar große Tränen die Wangen hinunter und fielen in den Teig. So netzte die arme Mutter das letzte Brot, welches sie sich und den Kindern für den Todesweg backte, mit ihren Tränen.

Am nächsten Tag suchte meine Frau den Genossen Schnegelberger auf und zeigte ihm eine Bescheinigung vom Bürgermeister aus Mölln, dass ich in Deutschland sei, und die Einreiseerlaubnis vom Deutschen Konsulat.

„Diese Papiere helfen Ihnen nichts. Sie werden verbannt wie alle anderen. Hütten Sie sich, das Dorf zu verlassen!"

„Wo soll ich hin? Mein Mann ist weg, Geld habe ich auch keins, ich muss ruhig hier bleiben und mich verbannen lassen. Ich kann nicht fliehen." – dachte meine Frau.

So vergingen zwei Tage. Am anderen Morgen früh klopfte es ans Fenster. Erschreckt fuhr meine Frau auf. Jetzt sind sie da, um uns zu holen, denkt sie. Jedoch nein. Es ist die Stimme der Nachbarin:

„Frau Fast, sind Sie da?"

„Ja."

„Gott sei Dank! – Die anderen sind alle fort!"

Um Mitternacht, als alle schliefen, hat man die Häuser der Kulaken umstellt, die Leute geweckt und fortgeführt. Sie durften von niemand Abschied nehmen. Einige hatten ihr Gebäck auf dem Hof im Nebenhaus und auch das durften sie nicht holen, es musste da stehen bleiben. Die Armen durften nicht einen Schritt das Haus verlassen, sondern nur schnell die vorgefahrenen Wagen besteigen und dann ging's fort in die Verbannung.

Mein Bruder, der im Dorfrat arbeitete, hat meiner Frau später erzählt, er sei plötzlich um Mitternacht geweckt worden. Man gab ihm eine Liste derjenigen, die verbannt werden sollten.

„Jetzt wird die Familie meines Bruders verbannt und ich muss noch das Haus bewachen, damit sie nicht entkommt", – denkt er zitternd und wirft einen angstvollen Blick auf die Liste, – „aber Gott sei gedankt, dein Name stand nicht darauf, du bist verschont geblieben!"

Die zwei Papiere, welche meine Frau aus Deutschland bekommen hatte, waren in Gottes Hand ein Mittel für ihre Rettung. Man sagte sich wahrscheinlich: Der Mann ist nun in Deutschland. Wenn wir jetzt noch seine Familie verbannen, macht er dort etwas Großes davon. Und das wollten sie nicht. Ausland sollte nichts davon erfahren.

* * *

Meine Frau fuhr gleich zu ihren Eltern, die 20 Kilometer weiter wohnten, um ihnen die Freudenbotschaft zu bringen, dass sie diesmal von der Verbannung verschont geblieben sei. Unterwegs traf sie den Zug mit den Verbannten. Schweigend hoben sie die Hand zum letzten Gruß. Es war ein lebender Leichenzug.

Heute ist von ihnen fast niemand mehr am Leben. Die Nachbarn meiner Eltern wurden mit fünf Kindern verbannt und sind alle im Norden Sibiriens umgekommen und verhungert. In Moskau verhaftete man damals auch zwei meiner ehemaligen Kollegen. Ihre Frauen wurden zurück in die Heimat geschickt. Sie hatten aber nichts mehr, denn man hatte ihnen vor der Flucht nach Moskau auch alles genommen, und sie mussten betteln. Auch sie wurden jetzt als Kulakenfrauen mit ihren Kindern verbannt und sind dort beide im Winter verhungert.

Die ältesten Kinder, die kaum zehn Jahre alt waren, schrieben an die Großmutter:

„Liebe Großmutter, schickt uns doch etwas zu essen, uns hungert so sehr! Mutti ist tot und kann uns nichts mehr geben. Solange sie lebte, gab sie uns noch immer ihren Brotanteil, aber jetzt ist sie tot und wir bekommen nichts mehr."

Der Vater war vor Moskau von der Familie gerissen worden, schmachtete auch noch im Gefängnis und konnte seinen armen Kindern nicht helfen. Die Großmutter, die diesen „Hungerbrief" von ihren Enkeln bekam, hatte auch nichts, denn sie gehörte zu den Kulaken und Entrechteten. Ihre Nerven versagten angesichts all dieser Not und sie verlor den Verstand. Tagaus und tagein saß sie und weinte. Auch die Kleinen dort oben im Norden Sibiriens sind längst dem Hungertod erlegen. Was für ein Schreck wird das wohl für die armen Väter gewesen sein, als sie die Trauernachricht von dem tragischen Ende ihrer Familie gehört haben!

Ein anderer Bauer aus unserem Dorf, der damals auch mit Frau und sechs Kindern verbannt wurde, schrieb im Herbst desselben Jahres an unser Heimatdorf: ***„Helft, helft, wir verhungern! Wir essen alles, was uns in die Hände kommt, sind vom Hunger geschwollen und müssen verhungern, wenn nicht bald Hilfe kommt!"***

Der Notschrei wurde mir zugeschickt und auf meine Bitte schickte der Missionsbund „Licht im Osten" ihm ein Lebensmittelpaket, aber es kam für ihn schon zu spät, denn der nächste Brief brachte mir seine Todesnachricht. Er war verhungert.

Die Nachbarsfrau meiner Schwiegereltern, eine alte Großmutter, die damals auch verbannt wurde, schrieb aus der Verbannung: ***„Alle Tage muss ich in tiefem Schnee bei großer Kälte zur Holzarbeit gehen. Wenn ich zuhause bleibe, bekomme ich keine Lebensmittel. Und ich bin so müde und matt, ich kann nicht mehr!"*** Es war eine alte, schwache Frau und ihr Mann war im Gefängnis verzweifelt.

Jedoch, wer kann all das Elend beschreiben, welches die Armen auf dem schrecklichen Transport zu Wagen, zu Bahn und zu Schiff und an dem Verbannungsort selbst zu erleiden hatten!

Hier ein paar Auszüge aus zwei Briefen solcher Verbannten.

„Man brachte uns mit der Bahn bis Tomsk. Da lagen schon viele Tausende unter freiem Himmel am Ufer des Flusses. Man koppelte drei Lastschiffe zusammen und lud 6.000 Menschen auf: Männer, Frauen und Kinder, und außerdem 80 Pferde, tausende Wagen, Pflüge und anderes Ackergerät. Es war so voll, dass buchstäblich nicht ein Fußbreit mehr frei war, und dann die Unordnung und antisanitären Zustände.

Auf jedem Schiff war nur ein Klosett, vor dem Tag und Nacht lange Schlangenreihen standen. Die Zustände auf dieser Reise sind nicht zu beschreiben.

Nach vier Tagen kamen wir an unserem Bestimmungsort an und wurden ausgeladen. Hier lagen wir in einem großen Urwald vier Tage unter freiem Himmel. Weil es oft regnete, wurden unsere Betten und alles andere nass und feucht. Meine Frau und Katharina gingen nach einem Kilometer entfernten Russendorf und bekamen da von mitleidigen Menschen ein kleines, verräuchertes Blockhäuschen, fünf Meter lang und fünf Meter breit. Es war eine russische Banja (eine primitive Badestube). Man macht einen Stein heiß, wobei der Rauch durch Fenster und Tür entweichen musste. Wenn der Stein heiß genug ist, schließt man Tür und Fenster, gießt Wasser auf den Stein und bekommt auf diese Art ein Dampfbad. Die Badehäuschen stehen meistens am Ufer des Flusses.

Wir setzten uns einen Backofen und Herd hinein und zogen froh ein, denn 27 Tage und Nächte hatten wir auf der Reise unter freiem Himmel zugebracht. Wir hatten jetzt wenigstens ein Dach über dem Kopf. Aber viele Menschen lagen monatelang unter freiem Himmel und Hunger, Nässe und Kälte und diese Lebensart räumte furchtbar unter den Armen Verbannten auf."

Ein anderer schrieb:

„Ich habe in meiner Jugend zwölf Jahre als Stallknecht gedient. Als ich später mit meiner Frau arbeitete, segnete uns Gott und wir freuten uns des Segens. Aber wir könnten Ihm auch danken, dass Er uns diesen Weg geführt hatte. Wir sind viel näher zu Gott gekommen. Wir wissen, dass unser Leben ein fortwährendes Verlieren ist. Wir verlieren im Fluge der Zeit Jugend, Schönheit, Kraft, Vermögen. Aber wenn wir über diesem Verlieren das Ewige gewinnen, was schadet es? Wir verlieren nichts und gewinnen alles.

Uns stempelte man auch als Kulaken und verbannte nach dem hohen Norden Sibiriens, wo wir den Wald fruchtbar machen sollten. Dort trafen wir noch einige, die am 25. Januar von der Station Issil-Kul in der Nähe bei Omsk dahin verbannt worden waren und es überlebt hatten. Die hatten noch viel Schrecklicheres erfahren als wir.

Da hatte man an einem Tag 40.000 Menschen nach dem Norden verbannt. Die alten Frauen, Kinder und Kranken, die nicht gehen konnten, lud man auf 490 Schlitten. Die Übrigen mussten zu Fuß gehen. Bei einem Frost von 40° unter Null trieb man die Armen durch Eis, Schnee und Urwald nach Norden. Der Kommissar, der sie begleitete, war ein ehemaliger Zuchthäusler. An Kleidern und Betten hatten sie nur das Allernotwendigste, denn das Übrige hatte man ihnen genommen.

In der ersten Nacht bei 40° Frost unter freiem Himmel waren viele Kinder erfroren. Die Wölfe begleiteten sie. Und so ging es anderthalb Monate lang die Todesstraße weiter. Als sie am Bestimmungsort ankamen, waren von 40.000 nur noch 20.000 am Leben, Kinder waren keine angekommen. Auch da hatten die Ankömmlinge keine Unterkunft, denn sie mussten sich erst Holz fällen und Baracken bauen. Es schien, als wenn die Frauen noch widerstandsfähiger waren als die Männer, aber langsam und sicher gingen auch sie zugrunde.

Wir rufen oft: „Hat denn Gott vergessen, gnädig zu sein?" Unser Flehen zu Gott ist, dass solches Elend in keinem anderen Land Fuß fasse. Ob kein Völkerrecht da ist, solch grauenhaftem Massenmorden Einhalt zu gebieten?

* * *

Zwei Jahre lang flüchtete meine Frau in Russland hin und her, weil man sie immer wieder verbannen wollte. Um schließlich Ruhe zu haben, floh sie in den Norden, wo schon Verbannte waren.

Dort reichte sie ein Gesuch ein und hielt um Ausreiseerlaubnis an. Man versprach, in zwei bis drei Monaten zu antworten. Es verging ein halbes Jahr, aber es kam keine Antwort. Da fuhr sie schließlich selbst mit unserem Sohn nach der 500 Kilometer entfernten Stadt.

Dort bekam sie bei der zuständigen Behörde nach langem Kreuzverhör schließlich folgenden Bescheid: „Wir lassen Sie nicht nach Deutschland fahren."

„Warum denn nicht?"

„Wir haben nichts Gutes von Ihnen gefunden. Ihren Mann hatten wir verhaftet und als Konterrevolutionär des Landes verwiesen. Sie bekommen die Ausreiseerlaubnis nicht."

„Und wenn wir erst in Deutschland eingebürgert sind, lassen Sie uns dann fahren?", – fragte mein Junge.

„Das geben wir nie zu, dass Sie in Deutschland eingebürgert werden. Ihren Vater haben wir ins Ausland verwiesen, aber Sie werden nie die Ausreiseerlaubnis bekommen!"

Damit waren sie abgefertigt. Das war ihre letzte Hoffnung und nun war auch die abgeschnitten.

„Was werden sie jetzt mit uns machen? Sie werden mich auch verhaften und verbannen", – schrieb meine Frau mir.

Mein Verwandter, bei dem sie solange wohnten, war vor einigen Monaten mit seiner Familie weggezogen. Nun wohnten meine Frau und unser Sohn ganz allein als Deutsche in dieser Stadt.

Mit Angst und Bangen warteten sie jeden Tag auf den Besuch der GPU.

„In 14 Tagen werden Sie Antwort bekommen", – hatte der Tschekist beim Abschied gesagt. Was konnte das für eine andere Antwort sein, als Verhaftung?

Es verging ein Tag nach dem anderen, aber der gefürchtete Besuch der GPU blieb aus. So wurde es Oktober. Da kam die Passrevision. Laut einem neuen Passgesetz wurden in ganz Russland in den Städten die Pässe durchgesehen. Man wollte die Städte von den schädlichen Elementen, d. h. von den Kulaken und Entrechteten säubern. Jeder musste seine soziale Herkunft nachweisen. Wer sich nicht ausweisen konnte, dass er Stimmrecht hatte, bekam keinen Pass. Er musste in ein paar Tagen den Ort verlassen, durfte auch nicht in große Städte und kollektivierte Dörfer ziehen, sondern musste sich im Norden Russlands aufhalten. Verschwand er in gegebener Frist nicht aus dem Ort, wurde er verhaftet und verbannt.

Die Passrevision begann schon im Winter 1933 in den großen Städten Moskau, Petersburg, Charkow und anderen. Jetzt war sie bis hierher gekommen. Man sammelte die Pässe ein. Meine Familie hatte keinen, denn als sie aus unserer Heimat zum letzten Mal geflohen war, hatte man ihnen keinen gegeben, weil sie schon jahrelang zu den Geächteten, Stimm- und Rechtlosen gehörten. Als man nun die Pässe einforderte, konnten sie nur einen einfachen Personalausweis aus dem Dorf aufweisen, wo sie im Sommer gewohnt hatten.

Meine Frau hatte Angst vor der GPU, darum musste unser 14-jähriger Sohn alles machen. Jeder, der keinen richtigen Pass hatte, war von der GPU in ein strenges Verhör genommen. Als unser Sohn drankam, fragte der Tschekist: „Wo ist dein Vater?"

„In Deutschland."

„Was macht er da?"

„Ich weiß es nicht."

„Was wart Ihr früher, als dein Vater noch da war?"

„Bauer."

Dann fragte er, wie viel Pferde, Kühe usw. wir gehabt hatten.

„Wo ist deine Mutter? Was macht sie zuhause? Warum arbeitet sie nicht?"

„Sie kann nicht, sie muss den Haushalt führen und ist auch nicht sehr gesund."

„Wovon lebt ihr denn?"

„Mein Vater schickt uns jeden Monat Geld aus Deutschland."

„Beweise das!"

„Wie soll ich das beweisen? Wir bekommen jeden Monat Geld vom Vater, und davon leben wir."

„Bringe mir die Beweise!"

Es war gerade eine Mitteilung von einer neuen Überweisung aus Deutschland angekommen. Der Junge lief nach Hause, holte die Mitteilung und zeigte sie vor. „Gut, du bekommst den Pass. Morgen Abend kannst du ihn holen."

Als er am nächsten Tag hinging, bekam er wirklich den Pass. Jetzt hatten sie wenigstens den russischen Pass und konnten an dem Ort wohnen bleiben. Es war sehr einsam als einzige deutsche Familie dort im Norden, aber sie brauchten sich jetzt doch nicht mehr so ängstigen, dass man sie ausweisen oder gar noch verbannen würde.

Später traf meine Frau noch ganz unerwartet eine verbannte deutsche Familie, die in einem Nachbardorf wohnte. Fast jeden Tag kamen sie seitdem zusammen und teilten Freude und Leid einer dem anderen mit. Weihnachten feierten sie in aller Stille zusammen und sangen im kleinen Kreise das alte deutsche Weihnachtslied: „Stille Nacht, heilige Nacht."

Unser Wiedersehen

Der Brief von meiner Frau.

Lieber Gerhard!

Heute ist der 7. März 1934 und wir können dir mal eine frohe Nachricht schicken. Vor einer Stunde war eine Frau hier und ich musste unterschreiben, dass ich gleich bei der Behörde erscheinen werde. Du kannst dir denken, wie mein Blut in den Adern da wieder in Aufregung kam. Es war Freude und Angst zugleich. Aber die Angst war viel größer, denn ich konnte ja nicht wissen, was da sein würde, und man ist schon so sehr verängstigt.

Unser Sohn war noch in der Schule. Schnell ging ich mit dem Papier zu Regers. Die meinten, ich solle nur ruhig sein, denn sie glaubten auch, es würde irgendetwas wegen unserer Ausreise sein. Zu meiner Freude erbot sich Onkel Reger mitzukommen, zog sich aber schnell zurück und ließ lieber seine Frau mitkommen, denn er ist der Allverängstigte, den es geben kann, und zittert, als ob er Veitstanz-Choren hat.

Als wir zur Behörde kamen, war nur eine Beamtin da, mit der wir sprechen konnten. Sie fragte, ob ich um Entlassung aus der Staatsangehörigkeit der Sowjetunion eingereicht habe, was ich bejahte. Ob ich schon den deutschen Pass habe. Ich antwortete, in Händen noch nicht, aber er sei unterwegs. Darauf sagte sie:

„Ich mache Ihnen bekannt, dass Sie die Freiheit haben nach Deutschland hinauszufahren. Es ist schade, dass Sie den deutschen Pass noch nicht haben. Dieses hier ist eine Abschrift von der Entlassung. Und in der Gouvernementstadt, wohin Sie jetzt noch mit dem deutschen Pass müssen, wird man Ihnen das Weitere geben. Damit müssen Sie nach Moskau in die Deutsche Botschaft."

Ich war so unaussprechlich froh, dass alles so still abging und man mich nicht weiter viel ausfragte. So froh bin ich noch nie gewesen, denn ich habe mich noch von Anfang an, all diese vier Jahre, gefürchtet, sie würden uns nicht loslassen, weil du später und anders nach Deutschland gekommen bist, als alle anderen.

Gott die Ehre für alles! Er hat uns geholfen! Bewahrt Er uns weiter und ist es Sein Wille, dann sehen wir uns bald wieder. Bis auf ein baldiges, frohes Wiedersehen!

Diese Nachricht bekam ich am 15. März 1934. Meine Freude darüber war unbeschreiblich. Würde es jetzt endlich etwas werden mit ihrem Herauskommen? Von russischer Seite lag scheinbar kein Hindernis mehr vor. Und an Deutschland würde es nicht liegen, das wusste ich. Wir waren in diesem Winter eingebürgert worden, ich hatte meiner Frau eine Bescheinigung davon geschickt. Diese reichte sie ein mit der Bitte, sie doch endlich einmal aus der Staatsangehörigkeit der Sowjetunion zu entlassen, und darauf war nun diese Antwort gekommen.

Es ist ein schöner Frühlingssonntag, eine Woche vor Pfingsten. Da klingelt das Telefon. Ein Telegramm: ***„Fahren heute – 23 Uhr – Moskau – Negoreloje – Berlin – Elisabeth“.***

Am Nachmittag fahre ich nach Berlin und am nächsten Tag gehe ich zu allen Zügen, die aus dem Ausland am Bahnhof „Friedrichstraße“ von Osten ankommen. Und ich treffe aber nicht die Meinen.

Sie hätten aber doch kommen müssen. Wo konnten sie geblieben sein? Sollte die GPU sie am Ende doch noch an der Grenze herausgeholt haben? Zuzutrauen wäre ihnen alles. Aber nein, sie werden morgen kommen, sie haben vielleicht unterwegs Aufenthalt gehabt. Ich fahre zu einem Bekannten, um da zu übernachten. Müde vom Umherlaufen in Berlin schlafe ich auch bald ein, nachdem ich meine Familie noch einmal Gott befohlen habe.

Ich bin eben fest eingeschlafen, da höre ich ein Geschrei:

„Fast, Fast, steh auf!"

Als ich die Augen aufmachte, standen mehrere Bekannte in der Tür und riefen meinen Namen.

„Was ist los?", – frage ich ganz erstaunt über diesen späten Besuch.

„Sie sind da!"

„Wer?"

„Deine Familie!"

„Wer? – Wo? – In Wernigerode? – Hat man telefoniert?"

„Nein, nein, hier stehen und warten sie auf dich! Nur schnell!"

Mit einem Satz war ich auf und sah sie wieder! Jetzt waren sie da, wirklich da, und es war kein Traum, wie so oft!!!

Die Fahrt von Moskau bis Berlin war sehr gut gegangen. An der deutschen Grenze hatten sie wegen ärztlicher Prüfung Aufenthalt und kamen daher nicht mit den erwarteten Zügen an. Vier lange Jahre hatte ich auf diese Stunde gewartet und schließlich erscheint sie mir wie im Schlaf: ***„Denn Seinen Freunden gibt Er's schlafend"*** Psalm 127,2.

* * *

Jetzt sind wir in Deutschland, in dem schönen, freien Land, in der Heimat unserer Väter! Wir sind gerettet, aber dort drüben schmachten noch Millionen und sehnen sich nach der rettenden Bruderhand. Um jene Millionen, die ein grässliches Schicksal erdulden müssen, kümmert sich die Welt nicht. Das glaubt man entweder nicht oder nimmt es für etwas Gewöhnliches und Selbstverständliches. Die ganze Welt kauft dieses Blutholz, welches ihre eigene Holzwirtschaft lahm legt, und das Brot, das man den verhungerten Bauern in Russland gewaltsam entreißt.

„Hat man denn kein Erbarmen mit uns?", – schreibt eine Mutter von sieben unmündigen Kindern. „Wir dachten, Ausland würde sich unser annehmen, aber um uns kümmert sich wohl kein Mensch. Wir müssen hier jämmerlich zugrunde gehen!"

„Denkt nicht, dass ihr hergeschickt seid, eine Zeit hier abzusitzen. Nein, ihr werdet eure Heimat nie wiedersehen, denn ihr seid ein schädliches Element, welches wir hier physisch vernichten wollen", sagte man uns am Weißen Meer und von der Wahrheit dieser Worte mussten wir uns täglich überzeugen.

Mein Retter aus Russland war ein Kommunist. Er war vor einigen Jahren als Arbeiterdelegierter in Sowjetrussland gewesen, wo man ihm nur Herrlichkeiten zeigte. Er kam nach Deutschland zurück und machte Propaganda für den Kommunismus. Als er aber dort oben am Weißen Meer das Elend und Jammer der Verbannten sah, zerriss er sein Parteibuch und wollte nichts mehr vom Kommunismus wissen. Er rettete mich unter eigener Lebensgefahr. Ich bin überzeugt, dass 90 von 100 derjenigen, die heute noch mit dem Kommunismen liebäugeln, dasselbe täten, wenn sie das russische Elend sehen würden, wie es ist.

Wir Christen aber wissen, dass auch Sowjetrussland in einer weit höheren Macht steht, als der eines Stalins und seiner entmenschten Helfer. Es ist unser Herr und Meister, der Herr aller Herren und König aller Könige, der den Weltenlauf durch Nacht und Stürme doch einem seligen Ende zuführt.

Ich denke zurück an den Anfang des ersten Fünfjährplanes. Da schreite ich eines Tages durch die Gewölbe des staatlichen Universalmagazins im Zentrum Moskaus. In einem Schaufenster war der Fünfjahrplan im Kampf mit der Religion bildlich dargestellt. Auf dem Bild sah man die orthodoxe Kirche, die mohammedanische Moschee, die jüdische Synagoge und die Bethäuser der verschiedensten Freikirchen in buntem Durcheinander. Vor den Kirchen lagen die hinausgeworfenen Priester, Rabbiner, Mullahs und andere Geistliche mit vor Furcht verzerrten Gesichtszügen. Von oben schoss ein gewaltiger Speer mit der Inschrift „Fünfjahrplan" wie ein Blitz hernieder, zertrümmerte die Kirchen und bohrte sich tief in das eine Auge des Rabbiners und durch die anderen Geistlichen.

Darunter stand die Unterschrift: „Nach Beenden des Fünfjahrplanes werden in Sowjetrussland keine Kirchen, keine Priester, kein Glaube an irgendeinen Gott mehr sein, denn der Fünfjahrplan wird mit all diesem Fusel vollständig aufräumen.“

Lange stand ich vor dem Fenster und betrachtete dass grausige Bild. Hin und wieder blieb ein Vorübergehender stehen, besah kurz das Bild und ging dann schweigend weiter. Es war in einer Zeit, in der der Kampf am furchtbarsten wütete und täglich zwei lange Züge mit Verbannten bei Moskau vorbeigingen in den hohen Norden und nach Sibirien, gefüllt mit Männern, Frauen, Greisen und Kindern.

Die Kommunisten schienen recht zu haben, denn man schloss massenhaft die Kirchen und die geistlichen Gesänge verstummten wie die Gesänge der Vögel beim ersten Windstoß eines schwülen Gewitters.

Nach einigen Wochen war ich in dem Moskauer Gefängnis Butyrki. Kein Hoffnungsstrahl schien durch die dicken Gefängnismauern zu dringen. Hinter mir waren die händeringenden lieben Angehörigen, um mich die verzweifelten, vergrämten Gesichter der anderen Gefangenen, vor mir Verbannung und Tod. Da sehe ich jenen Liedervers an der Wand:

„Und wenn die Welt voll Teufel wär' und wollt uns gar verschlingen, so fürchten wir uns nicht so sehr, es soll uns doch gelingen.“

Auf dem letzten Parteitag muss ein Jaroslawskij, der Führer des Bundes der kriegerischen Gottlosen, selbst bekennen, dass es ihnen mit ihrem Plan nicht gelungen ist. Wohl hat man die Kirchen abgebrochen oder in antireligiöse Museen und in Mehllager umgewandelt, wohl hat man Tausende von Geistlichen und Hunderttausende von Gläubigen der verschiedenen Religionsrichtungen verbannt und hingemordet, aber die Weissagung der Regierung von der gänzlichen Ausrottung der Religion aus den Herzen der Menschen hat sich nicht erfüllt. Das muss auch ein Jaroslawskij mit seiner Rotte vor den Führern der Kommunisten auf dem letzten Allrussischen Parteitag – wenn auch zähneknirschend – gestehen. Und seine schäumende Anfeuerung zu neuem Kampf, zu neuem Sturm gegen Religion und Gott ruft nur ein mattes, ohnmächtiges Lächeln auf den Gesichtern seiner Parteigenossen hervor.

All der Kraftaufwand, all das unschuldig vergossene Märtyrerblut hat nichts geholfen, denn wie damals vor fast 2000 Jahren nach einem grauenvollen Karfreitag das siegreiche „Er lebt, Er ist auferstanden!" am Ostermorgen, den vor Furcht bebenden Frauen und Jüngern, aus triumphierendem Engelmund entgegenscholl, so hallt trotz aller Bedrückung auch heute noch in der stillen Osternacht das glorreiche „Christos woskress (Christus ist auferstanden)!" durch die Straßen von Moskau, Petersburg und anderen Städten und Dörfern Russlands.

Ist das nicht ein sichtbarer Beweis des endlichen Sieges unseres Herrn und Königs? Wenn auch noch so viel Blut Seiner gläubigen Jüngerschaft fließen wird, einst kommt der Tag, wo die Schatten des Todes, die heute noch über den Gläubigen schweben, vorüber sind, wenn Er erscheint in Kraft und Herrlichkeit und Seine Feinde zuschanden werden, wie die Hüter damals am Grabe vor Schreck und Furcht zu Boden stürzten, als seien sie tot.

Dort aber, jenseits der Schatten der Nacht, erschallt der Jubelgesang der Erlösten: „Christus ist auferstanden!" von Ewigkeit zu Ewigket!

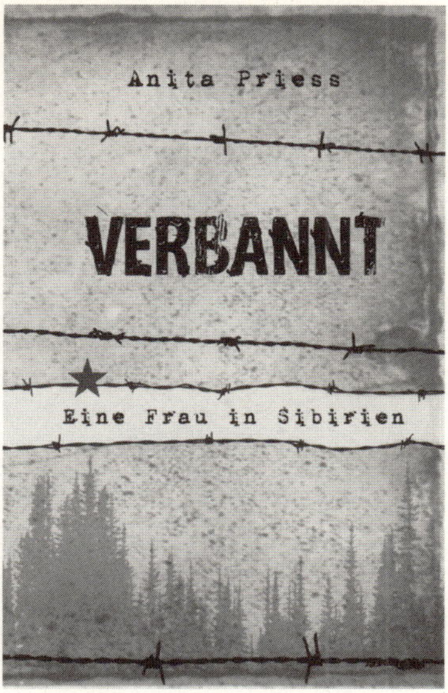

Anita Pries

Verbannt

Eine Frau in Sibirien

„Die Vergangenheit steht wie ein Gespenst vor mir, das nicht weichen will, denn es ist ein Teil meines Lebens, den ich nicht auslöschen kann ...", erinnert sich die Autorin, Anita Priess aus Kanada an ihre Verbannung nach Sibirien.

In diesem Buch beschreibt sie ihre Festnahme durch die Sowjetischen Behörden 1946 in Deutschland, den Transport in die Verbannung in den Hohen Norden und die Erlebnisse und Bewahrung während der zehn schaurig durchlebten Jahre im sibirischen Frauenlager.

Samenkorn

ISBN 978-3-86203-033-0